75314

Contes d'éveil

André Harvey

Contes d'éveil

pour les adultes au cœur d'enfant...
et les enfants qui rêvent... de le demeurer.

Éditions de Mortagne

Édition
Les Éditions de Mortagne
C.P. 116
Boucherville (Québec)
J4B 5E6

Diffusion
Tél.: (450) 641-2387
Télec.: (450) 655-6092

Tous droits réservés
Les Éditions de Mortagne
© Copyright Ottawa 1998

Dépôt légal
Bibliothèque nationale du Canada
Bibliothèque nationale du Québec
Bibliothèque Nationale de France
3e trimestre 1998

ISBN: 2-89074-894-4

1 2 3 4 5 – 98 – 02 01 00 99 98

Imprimé au Canada

Ce recueil de contes d'éveil est dédié à tous les grands enfants du monde qui désirent continuer à s'amuser tout au long de leur croissance,

spécialement à cette admirable Reine-Marguerite, qui a eu la générosité de me mettre au monde et la patience de m'élever...

puis à cette merveilleuse Céline qui a continué le travail... et dont la chaleur de cœur et la compréhension m'ont toujours permis de grandir...

et finalement aux deux exceptionnelles fleurs, Barbara et Annick, qui sont finalement venues garnir notre jardin...

Merci!

Vous êtes assurées

de mon amour éternel.

Remerciements...

Mes remerciements les plus sincères à tous ceux
et celles qui, directement ou indirectement,
m'ont inspiré l'un ou l'autre de ces contes,
tout particulièrement...

Céline, Annick et Barbara

Maman Reine

Georges De Bayle

Jean De Roeck

Carrolle Isabel

Stéphane Julien

Guylaine Lanctôt

Denis Nerincx

Claudia Rainville

Danielle Turcotte

Un clin d'œil tout spécial à
Cathy St-Laurent,
cette talentueuse artiste en herbe
qui a si patiemment lu chacun de mes contes,
tout en s'efforçant d'en saisir le sens,
pour ensuite les illustrer en y mettant toute sa poésie,
et sa jeunesse aussi.

Table des matières

La Chouette et le Loup

La Chouette
et le Loup

n jeune loup errait comme à l'accoutumée dans sa forêt natale. Il en connaissait chaque arbre, chaque ruisseau et chaque clairière, parce qu'il avait parcouru ce territoire des milliers de fois déjà. Son corps bouillonnant de jeunesse lui permettait de traverser cette forêt de long en large, autant de fois qu'il le voulait, et sans éprouver la moindre fatigue. C'est ce qu'il faisait depuis toujours, tout à fait instinctivement, juste pour passer le temps ou simplement pour faire comme les autres.

Mais, contrairement à son corps débordant de jeunesse, son cœur était vieux et aigri. L'étincelle de naïveté qui brillait jadis dans ses yeux était maintenant presque éteinte; tant et si bien qu'il ne voyait plus les arbres, les ruisseaux et les clairières.

Ayant perdu ce grain de folie qui caractérise habituellement la jeunesse, il ne pouvait évidemment plus remarquer ce qu'il y avait autour de lui.

Notre jeune loup sentait sa vitalité l'abandonner de jour en jour. Il était bien vieux et désabusé pour son âge.

Un jour, fatigué par sa longue course, il s'arrêta pour souffler un peu et il en profita pour s'assoupir quelques instants. Il choisit, pour se reposer, un gigantesque chêne qu'il avait d'ailleurs contourné des centaines de fois durant les dernières semaines, mais sans jamais en apprécier la beauté.

« *Ouh! Ouh! Ouh!* » Un son étrange se fraya un chemin à travers le feuillage et piqua la curiosité du dormeur. Tout de même un peu fouineur par nature, le loup leva paresseusement les yeux et aperçut sur une branche une vieille chouette qui se tenait gauchement en équilibre. Les énormes yeux creux, quoique rieurs, de ce drôle d'oiseau amenèrent presque un sourire sur la face du quadrupède. Mais, comme il avait perdu son sens de l'humour en même temps que sa vigueur juvénile, il feignit l'indifférence.

« Ouh! Ouh! Ouh! chuinta la vieille chouette.

— Tais-toi, oiseau de malheur! Tu ne vois pas que je dors, du moins que j'essaie de dormir? » lança sèchement le loup.

Faisant fi de cette discourtoise remarque, l'oiseau fit quelques bonds sur sa branche et, avec la grâce d'une hirondelle, il s'élança vers le loup, qui n'en croyait tout simplement pas ses yeux. Le volatile nocturne se tenait maintenant tout droit devant lui, le fixant fièrement de ses yeux creusés par le temps mais toujours animés de cette lueur que le loup avait, hélas! lui-même perdue depuis bien des lunes.

« À quel jeu tu joues? demanda-t-il. Veux-tu absolument que je te mange? Tu sais, je suis un jeune loup, et mon appétit est parfois si féroce que je n'arrive pas à le maîtriser.

— Ah! Ah! s'écria l'oiseau rieur en sautillant devant son interlocuteur exaspéré. Sais-tu que tu es beaucoup plus âgé que moi?

— Tu veux rire, espèce de prétentieuse? renâcla le louveteau. Tu ne t'es sûrement pas vue pour dire ça! Tes ailes sont déplumées, tes yeux cernés, tes griffes usées, ton front plissé, et tu prétends être plus jeune que moi? Regarde comme mon corps est agile et svelte. En un instant, je pourrais t'anéantir d'un seul coup de patte. Allez, déguerpis, vieille chipie, avant que je me fâche. »

Nullement impressionnée par l'allure altière et suffisante du jeune quadrupède, la chouette entreprit de toucher directement son âme grâce à son regard perçant.

« Ton corps est peut-être jeune, reprit-elle, mais sache que ton cœur, lui, est en train de mourir à petit feu, car tu as laissé tomber tous tes rêves. Du haut de mon chêne, je t'ai vu, il n'y a pas si longtemps de cela, tu titubais encore sur tes frêles pattes de louveteau fureteur. Je me souviens du temps où tu te promenais régulièrement par ici, reniflant intensément chaque fleur, découvrant avec émerveillement chaque nouvelle clairière, t'amusant à attraper les intrépides papillons qui osaient s'approcher de toi. Ah oui! Le jeune loup naïf de ce temps s'émerveillait de tout, alors que celui qui se retrouve aujourd'hui devant moi est bien différent. Il tient tout pour acquis et subit la vie au lieu de s'en réjouir comme avant.

— Mais tu ne peux nier que j'ai la jeunesse, répliqua aussitôt le loup, visiblement vexé de se voir ainsi démasqué. Mon âge ne le prouve-t-il pas?

— L'âge est une chose de l'esprit, répondit la chouette avec un large sourire débordant de tendresse. Si tu l'oublies, il perd de son importance. La jeunesse véritable est issue uniquement du cœur, de notre façon de penser et de voir les choses, jamais de notre apparence extérieure. Tu auras beau être le plus beau et le plus jeune loup de toute la forêt, si ton cœur ne peut plus s'attendrir devant une fleur, un coucher de soleil ou une vielle chouette qui s'amuse à faire des pirouettes au-dessus de ta tête, ce que les autres animaux percevront de toi sera toujours l'image aigrie d'un personnage qui fulmine intérieurement. La meilleure façon de rajeunir, ce n'est pas à l'extérieur qu'il faut la chercher, quoique, dans mon cas... — et ce disant, la chouette éclata de rire — mais plutôt à l'intérieur. »

Le louveteau était de plus en plus fasciné par l'étincelle magique qui animait les yeux de la vieille chouette au cœur d'or. À son seul contact, il sentit monter en lui l'impulsion irrésistible de *faire* quelque chose, de briser la routine dans laquelle il s'enlisait de plus en plus chaque jour.

Il se rendit compte soudainement qu'effectivement, il s'était un jour coupé de lui-même en se croyant supérieur aux autres animaux de la forêt. Sans trop en prendre conscience, il avait mis tous ses rêves de côté, préférant la sécurité que lui procuraient ses croyances ancestrales au goût de l'aventure qui bouillonnait en lui! Il se contentait maintenant d'arpenter inlassablement cette forêt qu'il connaissait jusque dans ses moindres sentiers. La vieille chouette avait parfaitement raison de lui dire que ses rêves s'étaient éteints d'eux-mêmes, que ses buts avaient été mis au rancart. C'est à partir de ce moment qu'il s'était mis à vieillir.

Laissant le loup à ses pensées profondes, l'oiseau rieur s'éloigna lentement pour ne pas le déranger. Il huma au passage une fleur de magnolia qui lui offrait son parfum, fit un clin d'œil complice à la sauterelle que, sans le vouloir, elle avait presque écrasée de ses pattes arquées. Malgré le fardeau que les années avaient quand même laissé sur ses épaules et malgré la mince performance aérienne que lui permettaient ses ailes à demi dégarnies, la chouette réussit tant bien que mal à prendre son envol et retourna sur sa branche.

Du haut de son arbre, elle regarda la magie opérer chez le jeune loup. Celui-ci se mit à jouer avec l'écorce de l'arbre sous lequel il s'était arrêté, puis il s'élança gaiement aux trousses d'un papillon multicolore. Petit à petit, il redécouvrit sa propre forêt et retrouva, par la même occasion, ses rêves de jeunesse.

Par sa simple présence et à cause de l'étincelle de jeunesse qui l'habitait malgré son âge avancé, la chouette avait réussi à raviver la flamme du louveteau. Le soir même, le jeune animal résolut d'aller explorer la forêt voisine au cours de la journée du lendemain. Depuis lors et, en l'honneur de sa rencontre mémorable avec celle qu'il avait baptisée sa « vieille sage », le loup eut toujours la convenance d'entretenir sa jeunesse d'esprit. Il devint, par la force des choses, le plus jeune vieux loup de toute la forêt.

L'homme qui voulait laisser sa trace
et désirait être reconnu après sa mort

L'homme qui voulait laisser sa trace et désirait être reconnu après sa mort

n poète avait exprimé le désir de créer, durant sa vie, une œuvre d'une telle énergie qu'elle allait lui survivre durant le siècle suivant et même au-delà. *Ainsi, personne ne pourra m'oublier*, se convainquait-il chaque jour, ce qui l'incitait à augmenter quotidiennement le volume de ses écrits. Il faut dire à sa décharge que ses derniers bouquins se vendaient très bien. Mais le poète ambitieux ne prenait jamais le temps de profiter de sa renommée, prétextant qu'il voulait laisser assez d'empreintes derrière lui que l'oubli ne réussirait même pas à les effacer.

Un jour, un de ses fidèles lecteurs le rencontra par hasard et, piqué par la curiosité, osa lui demander s'il vivait du fruit de ses œuvres, en d'autres mots s'il était désormais un homme riche. Empruntant un air indifférent, le poète répondit que l'argent n'était absolument pas son objectif, qu'aider les gens et laisser sa marque était autrement plus important. Et, comme pour minimiser sa déveine devant cet admirateur un peu trop curieux, il ajouta, d'un ton faussement défaitiste: « Tu sais, jeune homme, l'écriture de poèmes n'a jamais fait de millionnaires, et je ne vois pas pourquoi ce serait différent pour moi. » Et son admirateur de lui répondre tout de go: « Tu as raison! N'est-ce pas toujours après leur mort que les plus grands artistes sont reconnus? » Les deux soupirèrent d'impuissance en haussant les épaules, et chacun reprit sa route.

Madame la Chance faisait justement une ballade dans le coin en compagnie de sa copine, mademoiselle Argent. Bien malgré elles, les deux dames à l'ouïe bien acérée avaient entendu le dialogue entre le poète et son fidèle lecteur. Elles se regardèrent avec embarras. « Et moi qui lui apportais un sac rempli d'or! s'exclama mademoiselle Argent. Ses poèmes se vendent tellement bien! Mais il est bien évident qu'il n'acceptera jamais mon présent. Ce n'est vraiment pas ce qu'il veut. Qu'en pensez-vous, chère amie? »

La mine triste, madame La Chance répondit:

« Quant à moi, je venais lui porter une invitation personnelle du ministre de la Grande Culture! Ce dernier voulait lui offrir une bourse du Gouvernement pour qu'il enseigne aux enfants doués du royaume. Notre poète devait leur montrer comment écrire de beaux poèmes, et les assurer qu'ils pourraient un jour en vivre et en profiter. Mais, à ce que je vois, il n'acceptera jamais cette invitation, encore moins tous ces écus d'or que tu lui apportes. S'il désire uniquement laisser sa marque, on n'y peut rien. Il est sûrement préférable qu'on évite de le distraire avec notre argent, conclut-elle, puisque ce n'est pas du tout ce qu'il recherche.»

Les deux bonnes dames poursuivirent donc leur route en bavardant de choses et d'autres. Comme par hasard, elles rencontrèrent un autre poète qui, curieusement, habitait la maison voisine de l'homme qui voulait laisser sa marque. Contrairement à son ami d'à côté, ce poète écrivait pour les gens de son temps et ne se gênait aucunement pour dire qu'il tirait des profits fort substantiels de son écriture. Il accueillit donc, les bras ouverts, dame la Chance et demoiselle Argent aussitôt qu'elles se présentèrent, et il les invita dans son humble demeure. Il accepta avec empressement et le sac d'or et l'invitation du ministre. C'est ainsi qu'il devint riche et célèbre, en plus de laisser sa marque.

Personne ne se souvient, par contre, de ce petit écrivain taciturne qui fut un jour son voisin...

Les deux Jardins de Jacob

Les deux
Jardins de Jacob

n homme dénommé Jacob avait toujours rêvé de devenir jardinier. Mais depuis sa plus tendre enfance, il demeurait sur une terre aride où rien ne daignait pousser, pas même le moindre brin d'herbe. Avec le temps, il s'était cependant résigné à son sort et avait mis son rêve de côté. Il n'en avait dès lors plus jamais parlé... Jusqu'à l'aube de ses trente ans, alors que sa vie allait se transformer.

Jacob avait toujours gardé en mémoire la visite d'une fée nommée Barbélia — il se rappelait bien ce nom, à cause de son originalité — qui était venue lui parler en songe, alors qu'il était encore tout jeune. Cette messagère des plus excentriques lui avait alors promis de revenir le voir le jour de son trentième anniversaire. Elle avait précisé qu'elle frapperait à sa porte et lui offrirait le plus beau des cadeaux qu'on puisse imaginer recevoir.

L'homme avait toujours conservé dans sa tête ce souvenir ainsi assorti d'une telle promesse, et même s'il n'y croyait pas vraiment, il gardait quand même espoir que cet engagement de la fée soit respecté.

Le vingt-six mai, à minuit exactement, jour à partir duquel il allait entamer sa troisième décennie, quelqu'un frappa à la porte. Jacob alla ouvrir et reconnut aussitôt la fée de ses rêves. Celle-ci entra d'un pas alerte.

« Salut jeune homme! s'exclama-t-elle. Me voici pour t'offrir ton cadeau d'anniversaire, tel que je te l'avais promis. »

Jacob n'en croyait pas ses yeux. Il revoyait donc cette chère Barbélia, mais cette fois en chair et en os, et dans sa propre maison en plus.

« Dis-moi maintenant quel est ton souhait le plus cher, s'enquit la fée. Mais dépêche-toi, lança-t-elle sur un ton frôlant l'impatience, car j'ai bien d'autres rêveurs à visiter cette nuit.

— Un jardin, laissa échapper sans trop y penser l'homme encore abasourdi.

— D'accord, répondit Barbélia, et je vais même doubler la valeur de ton vœu. Je vais t'offrir deux jardins, mais à la condition toutefois que tu me promettes de les reconnaître et de les laisser exister tous les deux jusqu'à la fin de ta vie.

— Aucun problème! » s'exclama Jacob, entrevoyant déjà avec une excitation très perceptible les années de bonheur qui s'annonçaient pour lui.

Avant de passer à l'action, Barbélia ajouta:

« Ces deux jardins seront exactement à ton image. L'un deux sera garni des plus belles fleurs, tandis que l'autre ne contiendra que de la mauvaise herbe. Tu devras apprendre à vivre avec les deux, car ils te rappelleront toujours les deux côtés qui sont en toi, le plus lumineux comme le plus sombre. »

Ce disant, elle donna un coup de baguette magique pour mettre le vœu à exécution, puis elle disparut aussi mystérieusement qu'elle était venue.

Dès les premières lueurs de l'aube, Jacob ouvrit l'œil.

« Trente ans, j'ai trente ans! s'écria-t-il, surexcité. Et quel merveilleux rêve j'ai fait cette nuit! Dommage que ce ne soit qu'un... »

Il n'eut pas le temps de terminer sa phrase qu'il se retrouva devant la fenêtre de sa chambre, sidéré par ce qu'il voyait.

« Ce ne peut pas être... vrai, mais oui, ce l'est! » s'exclama-t-il en se précipitant vers l'extérieur. Il constata alors la présence de deux immenses jardins qui, telle une oasis au centre du désert, se retrouvaient miraculeusement au beau milieu de son terrain jusque-là aride.

Son rêve était bel et bien devenu réalité! De plus, comme Barbélia le lui avait spécifié, l'un des jardins débordait déjà de centaines de fleurs toutes plus magnifiques les unes que les autres. Par contre, dans l'autre jardin, qui avait exactement les mêmes dimensions que son voisin, on ne retrouvait que des herbes enchevêtrées, des orties, de l'herbe à poux, enfin tout ce qu'un jardinier ne veut habituellement pas trouver dans son potager. Faisant fi des recommandations de la fée, Jacob se dit que s'il parvenait à ignorer cette partie désordonnée de son terrain, il finirait peut-être par l'oublier un jour.

Mais tel ne fut pas le cas. Chaque fois qu'il sortait, les deux jardins emplissaient toujours son champ de vision. Plus il feignait d'ignorer le jardin honni, plus celui-ci prenait de l'importance. Il en vint à hanter ses pensées. Tant et si bien que les mauvaises herbes dont notre jardinier tentait vainement de nier la présence devinrent un jour si hautes que leur ombre commença à couvrir le jardin de fleurs, privant peu à peu celles-ci des rayons de soleil essentiels à leur développement. Malgré tous les soins que leur maître leur apportait, les fleurs du jardin de Jacob se mirent à périr une à une.

À l'aube de ses trente et un ans, Jacob se coucha, désabusé et impuissant, devant le cadeau empoisonné qui lui avait été donné un an plus tôt, jour pour jour, par cette fée bizarre qu'il n'avait d'ailleurs jamais revue, et c'était probablement mieux pour elle, pensait-il. Pourquoi ne s'était-elle pas contentée de lui offrir un simple jardin de fleurs, comme il l'avait demandé, sans cette inutile verdure flanquée juste à côté?

Jacob s'endormit très tard ce soir-là, pestant contre l'excentrique dame qui l'avait visité l'année précédente. Quelques instants avant que le sommeil le gagne, il demanda à Dieu de permettre qu'il la revoie au moins une fois afin de pouvoir lui dire ses quatre vérités. Et le message ne tomba pas dans l'oreille d'un sourd...

Toc! Toc! Toc! Quelqu'un frappait à la porte. Jacob se leva en sursaut pour aller répondre.

« Minuit, bougonna-t-il en passant devant l'horloge. Quelle idée de déranger les gens à cette heure indue! »

Qu'elle ne fut pas sa surprise de revoir cette sacrée Barbélia qui, sentant le malaise qu'elle avait fait naître chez son hôte, gratifia celui-ci d'un sourire auquel il ne put résister.

« Entre! laissa choir Jacob en bâillant, je voulais justement te parler.

— Je le sais, répondit la fée. Je suis toujours disponible quand on réclame ma présence. Et en plus, j'ai tout mon temps ce soir. Qu'avais-tu donc de si important à me dire? »

Jacob lui raconta alors toutes les péripéties de sa dernière année, sans oublier évidemment les problèmes qu'avait engendrés la présence de l'indésirable jardin de mauvaises herbes ainsi que son influence néfaste sur celui planté de fleurs. Barbélia écouta patiemment et calmement le récit de Jacob. Quand il eut complètement terminé, elle laissa tomber, sur un ton qui se voulait quelque peu réprobateur:

« Tes problèmes, jeune homme, viennent du fait que tu as négligé de respecter la consigne que j'avais pourtant très clairement exprimée avant mon départ il y a un an. Ne t'avais-je pas dit que tu devais reconnaître tes deux jardins, et leur permettre d'exister tous les deux? »

Jacob se souvenait vaguement de cette directive de la fée, directive qu'il avait d'ailleurs vite oubliée dans l'excitation du moment.

« Eh bien, reprit la dame dont la figure avait déjà retrouvé son air joyeux, si ton jardin de mauvaises herbes a pris autant d'ampleur, c'est que tu n'as pas cessé de l'entretenir avec le flot de tes pensées. Tu sais, ces deux jardins dont je t'ai fait cadeau, et à ta demande ne l'oublie jamais, sont exactement à ton image. Comme tous les humains sans exception — et Barbélia appuya sur ces deux derniers mots pour éviter que Jacob ne se mette à ressentir de la culpabilité —, tu portes en toi un côté lumineux et un autre plus sombre.

« Tu es né avec ces deux aspects et tu mourras également avec eux. Aux yeux de ton entourage, tu n'exhibes que le jardin merveilleux qui t'habite, et c'est tout à fait normal, car la nature humaine est ainsi faite. Par contre, lorsque tu te retrouves face à toi-même, tu sais pertinemment que tu possèdes aussi un profil ombragé que personne ou très peu de gens connaissent, et qu'ils ne soupçonnent même pas chez toi. Tu auras beau nier à la face du monde entier la présence de ce jardin d'orties, tu sauras pertinemment qu'il est là et qu'il restera toujours là. Tu es la seule personne à qui tu ne peux pas mentir.

« L'unique solution qu'il te reste pour régler ce dilemme, c'est de reconnaître le plus honnêtement possible ton côté plus sombre comme étant un aspect, une partie intégrante de toi. Il te faut ensuite cesser de le nourrir en le niant par tous les moyens à ta disposition, le cachant ainsi à toi-même.

« Aussitôt qu'on reconnaît en soi la présence d'une peur ou d'un défaut, il faut éviter de se juger et arrêter de lui accorder tellement d'importance qu'on se croit obligé de le combattre de toutes ses forces. Si cette lacune se bute au mur de notre indifférence, elle s'effritera d'elle-même, sans qu'on ait à se battre inutilement contre elle.

« Par contre, si on la nourrit de sa haine ou de son dédain de soi, elle aura beau jeu de prospérer.

Se sentant si bien accueillie et si choyée, elle grandira à vue d'œil et étendra en nous ses tentacules dévastateurs. »

Jacob écoutait d'une oreille attentive les sages propos de Barbélia, comprenant peu à peu les principes que la fée essayait de lui inculquer. Une interrogation monta soudain en lui:

« Mais si ce jardin de grisaille doit continuer d'exister, comment pourrais-je au moins en réduire la croissance?

— Ah! tu commences à saisir, rétorqua la divine dame, qui prenait de plus en plus d'importance et de crédibilité aux yeux de Jacob. C'est pourtant si simple! Il suffit que tu t'attardes un peu plus à ton jardin de fleurs. Il faut que tu en travailles constamment la terre en développant tes talents, en découvrant et en acceptant tes qualités, pour ensuite t'en servir à bon escient. As-tu déjà pensé que c'est la même terre qui constitue tes deux jardins? Si tu prends davantage soin de celui où poussent toutes ces fleurs merveilleuses, si c'est de ce côté que tu mets tous tes efforts et que tu en enrichis la terre, si tu lui consacres la majeure partie de tes énergies, n'est-ce pas normal que ce soit lui qui donne les meilleurs résultats? »

Jacob hocha la tête en signe d'approbation, pendant que la fée continuait de plus belle son savant exposé:

« Par contre, il est essentiel que tu reconnaisses également la présence de cette autre partie de toi que tu n'aimes pas, et que tu lui donnes aussi le droit d'exister. Cela est primordial. Mais si tu cesses de nourrir cette partie avec tes pensées négatives, les effets sur toi deviendront minimes, tu verras. N'aie crainte, jeune homme, même les plus grands sages ont en eux leur jardin d'orties. Mais leur sagesse fait qu'ils ont cessé de l'entretenir, ce qui le rend pratiquement invisible. C'est en transmettant leurs perles aux autres qu'ils cultivent leur propre beauté, tu comprends? »

Jacob ferma les yeux, le temps de réfléchir à tout ça et de permettre à Barbélia de filer en douce dans son royaume magique. Dès qu'il les rouvrit, le jour commençait à se lever. Il se précipita alors à la fenêtre et sourit en voyant de nouveau son jardin de fleurs resplendir de mille couleurs. Chaque pétale avait repris sa force originelle et exhalait déjà dans l'air environnant un parfum digne des orchidées les plus odorantes.

S'extasiant devant ce spectacle qui nourrissait tous ses sens, Jacob salua avec gratitude la flore merveilleuse qui embaumait maintenant chaque recoin de sa maison. Puis, pour se plier aux consignes de la fée, il se tourna vers les orties, qui se maintenaient chétivement à ras du sol. Il les salua au même titre que les fleurs, mais il ne s'attarda pas, sachant qu'il ne pourrait jamais éliminer complètement ces plantes indésirables. Il les accepta tout bonnement et évita de leur donner plus de considération qu'il n'en fallait. Puis il sortit ses outils de jardinage et se dirigea d'un pas allègre vers son jardin de fleurs. « Aujourd'hui, se dit-il, ce sera au tour des marguerites. J'arrive, mes petites... Je vais m'occuper de vous toute la journée. Demain ce sera au tour des tournesols, puis... »

Pendant ce temps-là, à quelques pas de la maison de Jacob, une vieille fée riait dans sa barbe — façon de parler —, heureuse du travail accompli. Elle sentait monter en elle un tantinet d'orgueil, qu'elle reconnut aussitôt... car vous ne me croirez peut-être pas, mais même les fées ont en elles deux jardins.

La Chute d'eau du Lâcher prise

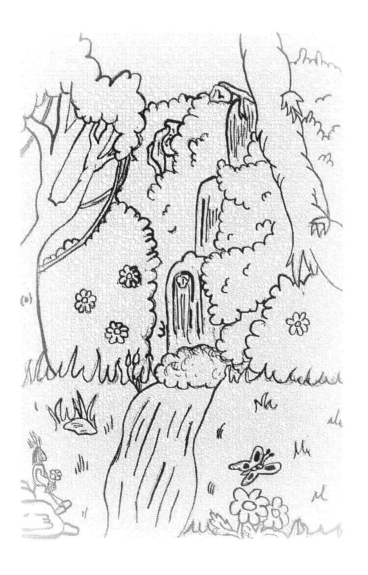

La Chute d'eau du Lâcher prise

l était une fois un brave garçon du nom de José, qui avait choisi comme défi de vie d'expérimenter le lâcher prise. Il voulait relever ce défi coûte que coûte, même s'il devait y travailler durant toute son existence, ce qu'il fit d'ailleurs avec un acharnement exemplaire. Il avait presque tout lu et tout entendu sur ce vaste sujet de l'abandon à Dieu et sur la confiance totale à accorder à ses guides et à toutes les formes d'aides venues d'en haut. Il avait également suivi une multitude de cours traitant de ce thème afin de parvenir à son but ultime: se laisser couler dans le grand fleuve de la vie.

Mais, malgré tous ses efforts, le résultat tardait à venir, car toutes les connaissances que José avait acquises s'accrochaient désespérément à son mental. En effet, durant toutes ces années d'études intenses, José s'était rempli à satiété de théories magnifiques; mais il lui manquait encore un élément, un seul, pour que toute cette richesse accumulée grâce à son travail acharné se mette enfin à bouillonner en lui et qu'elle imprègne chacune de ses cellules.

L'élément feu était en lui depuis longtemps et il l'attisait par sa constante ferveur à se connaître un peu plus chaque jour. Quant à l'élément terre, c'était également pour lui une richesse déjà acquise, car il s'y gardait désormais profondément enraciné. Comme il arrive à plusieurs chercheurs de vérité en état temporaire de stagnation, il lui manquait un élément indispensable à l'action: l'eau, qui permet à la sagesse de circuler librement à travers les gestes du quotidien.

Les efforts qu'il mettait à vouloir s'abandonner à la vie en toute situation l'avaient passablement fatigué. Aussi José lança-t-il un dernier cri de désespoir avant d'abandonner définitivement le combat. Sans le savoir, en agissant ainsi, il avait vraiment lâché prise pour une des rares fois de sa vie...

Dieu entendit ce vibrant appel venant du cœur de l'un de ses enfants et, de Son souffle magique, il transporta José au pied d'une chute dont Lui seul connaissait l'existence édénique. Cette merveille de la nature avait comme particularité de faire connaître à quiconque réussissait à s'en approcher un élément déclencheur ayant pour effet de changer sa vie.

José se retrouva donc au cœur de cet endroit paradisiaque. Connaissant la force de Dieu, il maîtrisa assez bien sa surprise. Ne cherchant surtout pas à comprendre ce qui se passait, il se contenta d'écouter la voix magique qui émanait de la cascade dans laquelle baignaient ses pieds.

« N'as-tu pas l'impression d'être souvent en équilibre au-dessus d'une telle chute, glissa en lui la voix de l'eau, et de craindre de tomber dans le vide? Depuis des années, tu te déclares prêt à l'action. Tu demandes inlassablement d'être précipité dans le courant de la vie pour accomplir ta mission, mais tu résistes quand vient le temps de l'accomplissement, car au fond, tu as peur! Tu es comme cette branche là-haut, accrochée au gros rocher sur ta droite, tu vois? »

José vit effectivement un petit bout de bois suspendu tout en haut de la chute, qui semblait se retenir désespérément aux rochers pour ne pas être entraîné dans le vide.

« Cette branche que tu vois là-haut, reprit la voix intérieure, c'est toi qui t'agrippes continuellement à tes préjugés. Tu laisses ainsi le champ libre à ta peur de l'inconnu, et celle-ci te mène alors allègrement par le bout du nez. Lorsque ton cœur t'incite à faire un pas en avant en t'abandonnant totalement à la vie, ne luttes-tu pas avec toute la force de ton mental pour retarder le moment où tu devras passer à l'action? »

José se reconnut parfaitement dans cette description et sourit malgré lui.

« Au nom de la prudence, continua la voix de l'eau, tu rames à contre-courant en feignant d'ignorer la réalité. Tu t'épuises à lutter contre l'inévitable jusqu'à ce que tu te retrouves complètement exténué et au bord du désespoir — ce que tu étais avant d'être transporté ici. C'est à ce moment que tu cesses d'exercer ton emprise sur ta vie et que tu es entraîné dans le courant de la chute.

« Ton combat t'a tellement épuisé que tu n'as même plus la force de résister. Si tu avais pu lâcher prise plus tôt, tu aurais tout de même suivi le même itinéraire mais, comme tu aurais été reposé, tu aurais manifesté plus de calme et de sérénité. Tu serais alors arrivé, frais et dispos, au bas de cette même chute, prêt à entreprendre une autre aventure ou à relever un autre défi. »

La voix se tut, et au même moment, la petite branche qui avait attiré l'attention de José était projetée dans le gouffre.

« Regarde maintenant à tes pieds», reprit l'inspiration magique.

José baissa les yeux pour remarquer le morceau de bois qui tournoyait calmement dans une eau qui avait été purifiée par sa descente, avant d'être éventuellement entraîné plus loin, de cascade en cascade, vers un autre ruisseau en aval.

« Après chaque épreuve, cher José, as-tu remarqué que la vie te réservait toujours un temps de repos? Durant cette période d'accalmie, tu as tout le loisir de refaire tes forces et tu peux en profiter pour tirer des leçons de l'expérience que tu viens de vivre.

« À l'image de la branchette qui, après sa dégringolade, s'est laissée bercer par les remous purificateurs, tu dois prendre le temps de te reposer, comme tu le fais maintenant. Ensuite, tu pourras laisser le courant de la vie te propulser un peu plus loin, jusqu'à la prochaine chute. Mais tu n'opposeras alors aucune résistance, si, évidemment, tu as compris le message… Si, au contraire, tu combats inexorablement pour ne pas être entraîné dans l'action, tu te fatigues absolument pour rien. Et si tu te sers constamment des trésors de compréhension qui sont présents dans chaque chute que tu rencontres, tu pourras franchir les suivantes avec de plus en plus de facilité.

« Et un jour, sans que tu t'en aperçoives, tu iras de cascade en ruisseau et de ruisseau en fleuve, et tu arriveras à la mer, frais et dispos. Comme tu seras en pleine possession de tes moyens, tu pourras profiter pleinement des années d'abondance qui s'ouvriront à toi et qui compenseront pour les efforts que tu auras fournis. Ton corps sera peut-être usé par certaines descentes plus abruptes que d'autres, mais ton cœur aura encore envie de s'émerveiller devant toutes ces petites choses qui rendent la vie magique quand on y mord à belles dents. Lutter, c'est mettre en pénitence l'enfant qui est en soi et qui ne demande qu'à s'amuser. Il peut faire des choses sérieuses, certes, mais sans jamais se prendre au sérieux... »

La voix se tut, laissant le bruissement de l'eau compléter l'enseignement très simple donné par une toute petite branche lancée par Dieu dans un ruisseau enchanteur. « Quand le disciple est prêt, le maître apparaît », dit le proverbe. Et dire que le maître peut être une ridicule branchette sans histoire, au cœur d'une chute aux mille merveilles...! Auriez-vous envie de vous y rendre à votre tour? Oui? Fermez les yeux et laissez la musique des cascades atteindre vos sens. Visualisez maintenant cette chute et laissez-la vous parler... C'est magique, vous verrez...

Sacré père Noël!

Sacré
père Noël!

es contes de Noël, il y en a des centaines, j'en conviens. Mais en existe-t-il un qui soit fait expressément à votre mesure? Eh bien! comme on n'est jamais aussi bien servi que par soi-même, je vous propose d'en bâtir un. Il y aura tous les personnages habituels, que nous connaissons déjà très bien, mais nous leur attribuerons cette fois un rôle tout à fait différent, un rôle empreint de notre propre spiritualité. Vous voulez bien? Alors, c'est parti.

Nous allons commencer évidemment par le fameux père Noël, celui-là même qui est la représentation parfaite de notre vieux sage intérieur; c'est la force magique qui nous habite, cette partie divine qui nous communique — du moins tente-t-il quotidiennement de le faire — sa perfection par le biais de notre intuition. Ce vénérable patriarche à la barbe bouclée ne veut que du bien à l'enfant qui s'exprime en nous et qui d'ailleurs, aime bien s'arrêter quelques instants pour s'asseoir sur ses genoux.

Ce sage intérieur ne nous demande que de retrouver notre âme d'enfant, et il souhaite, pourquoi pas, que nous la gardions le plus longtemps possible. Ainsi pourra-t-il nous parler sans retenue et nous prodiguer, par la même occasion et toujours au bon moment, les conseils exquis qu'il nous réserve ainsi que ses stimulants mots d'encouragement.

La plupart du temps, les enfants sont extrêmement heureux de rencontrer ce vieux barbu légendaire en qui ils croient tellement, même s'ils ne l'ont jamais vu. Il arrive, par contre, que certains bambins plus farouches aient un peu peur dudit personnage, surtout si c'est la première fois qu'ils osent entrer dans leur propre jardin secret. Affronter cet inconnu qui voit tout en nous, c'est comme se regarder dans un miroir: impossible de cacher quoi que ce soit à soi-même. Seule la vérité s'impose; le mensonge est inexistant.

Un autre aspect merveilleux de ce joyeux père Noël qui donne l'occasion d'exulter, c'est son incomparable générosité. En effet, il peut vous donner tout ce que vous pouvez imaginer. Vous lui demandez la lune? Il vous dira oui à coup sûr, en sachant très bien que tout ce à quoi vous osez rêver pourra se réaliser un jour, au moment propice évidemment.

Ce vénérable patriarche est donc la bonté incarnée. À l'exemple des plus grands maîtres, il s'informe pour savoir si vous croyez avoir agi sagement au cours de la dernière année, mais il ne vous juge jamais pour autant. À travers ce petit exercice, il vous incite simplement à prendre un léger recul par rapport à votre vie, afin de constater par vous-même où vous en êtes. Cette attitude de non-jugement qui le caractérise n'est-elle pas d'ailleurs ce qui fait son charme?

Une des preuves de la parfaite impartialité de ce sacré vieillard est qu'il vous laissera toujours un petit présent avant de partir, et cela, que vous ayez été sage ou non. Mais son cadeau le plus précieux serait peut-être de vous faire profiter pendant quelques instants d'un contact intime avec lui. Il vous permettra ainsi de remplir votre sac de vos rêves les plus fous, ce que vous avez peut-être négligé de faire depuis un certain temps?

Une autre profonde leçon que nous sert le bon vieux père Noël qui, n'oublions pas, ne nous veut que du bien, c'est d'être toujours heureux en toutes circonstances et de rire à la moindre occasion. Ses *Oh! Oh! Oh!* résonneront d'ailleurs à nos oreilles dès que nous nous prendrons un peu trop au sérieux et oublierons quel enfant nous avons été et que nous pouvons être encore parfois.

Vous l'avez bien compris, votre vieux sage intérieur, représenté par le père Noël, sera toujours heureux que vous preniez le temps de l'accueillir de temps à autre dans votre humble demeure. Il n'a pas besoin d'une porte béante pour entrer chez vous. Le simple trou d'une cheminée lui suffit amplement. Il n'aura qu'à s'y glisser miraculeusement, sans que personne le voie. Cependant, il ne pourra le faire que si votre maison est paisible, le soir, par exemple, à la tombée de la nuit. C'est à ce moment que l'adulte en vous s'endort pour laisser la place à l'enfant qui s'envole allègrement dans son monde du rêve pour aller s'amuser avec les anges qui y folâtrent.

Oui! c'est souvent à ce moment que votre père Noël vient vous visiter. Il profite alors de l'occasion pour vous glisser quelques cadeaux par le biais subtil de votre intuition, qui est alors libre de tout doute. Plus ce canal sera lisse et lumineux, plus votre père Noël y sera attiré et plus facilement il pourra y pénétrer! Au petit matin, quand vous n'aurez pas encore tout à fait perdu votre naïveté enfantine, peut-être vous rappellerez-vous l'avoir vu venir chez vous. Mais, comme tous les bambins le matin de Noël, vous aurez tendance à oublier cela rapidement et vous vous émerveillerez plutôt de voir les présents qu'il vous aura laissés. Mais faites un petit effort! Exprimez un peu de gratitude à ce vénérable vieillard, même s'il n'attend aucun remerciement en retour de ses largesses. Un petit mot de reconnaissance, ça fait toujours plaisir, n'est-ce pas?

Notre père Noël a aussi une magnifique assistante qui l'accompagne en toute occasion. On l'appelle la Fée des Étoiles! Son rôle? Servir d'intermédiaire entre le vieux sage et l'enfant qui est en nous. Comme elle le fait déjà pour le père Noël, elle agit à la fois comme votre guide, votre ange gardien, le messager qui vous assiste en tout temps. C'est elle qui transforme en or tout ce qu'elle touche en votre nom de sa baguette magique. Ce n'est pas pour rien qu'on l'appelle la Fée des Étoiles. C'est qu'elle connaît personnellement tous les astres du vaste univers, en particulier celui des enfants qu'elle conduit patiemment vers le père Noël ou, si vous préférez, vers leur vieux sage intérieur.

Ces étoiles, ce sont évidemment leurs talents ainsi que leur beauté intérieure. Tous ces atouts, les enfants les ignorent la plupart du temps, mais la douce fée se charge de les faire briller devant leurs yeux lorsqu'ils s'installent confortablement sur les genoux du doux patriarche.

Comme elle est elle-même un ange, la bonne fée se fera un devoir d'inciter les enfants qui osent croire en elle à s'abandonner à leurs rêves les plus fous. Sa plus grande joie? C'est de se rendre compte, un jour, que l'enfant n'a plus besoin de son intervention pour entrer en contact direct avec sa propre partie divine, avec son propre père Noël. À cause du détachement qu'implique l'amour inconditionnel dont la Fée des Étoiles est la représentante, l'autonomie de son protégé devient pour elle le plus beau des cadeaux. Un enfant qui atteint sa maturité et qui décide enfin d'emprunter sa propre route, c'est, dans son cas... un véritable conte de fées.

Mais ne manque-t-il donc aucun personnage fabuleux à ce conte de Noël qui prend progressivement naissance dans votre cœur? Allons, cherchez un peu! Mais oui, nous avons oublié les valeureux rennes, dont la tâche est de tirer le lourd traîneau du père Noël au son des grelots attachés à leur cou. Le renne représente votre personnalité, votre ego, votre corps physique. C'est lui qui, votre vie durant, transporte du mieux qu'il peut votre vieux sage intérieur. Il y a plusieurs rennes? C'est que vous avez besoin de plusieurs personnalités tout au long de votre existence pour relever tous vos défis. Rudolf, le chef des rennes, a d'ailleurs le nez tout rouge, de la couleur de l'action. Sans lui, rien ne bougerait, et votre père Noël risquerait alors de s'endormir avec, dans son gros sac, tous ces cadeaux qui vous sont pourtant destinés. Sans l'action, toute démarche spirituelle demeure vaine, car elle ne peut être expérimentée; sans la joie, c'est la souffrance qui risque de prendre toute la place.

Le petit renne au nez rouge n'a-t-il d'ailleurs pas la réputation d'être un joyeux luron aimant la fête et se gardant bien de se prendre trop au sérieux? Nos actions quotidiennes devraient toujours être mues par l'énergie de ce renne magnifique. Pour lui, tout type de travail mérite d'être bien fait; il doit être empreint de joie de vivre, de l'esprit de fête et d'humilité aussi... Avez-vous remarqué que ce cher Rudolf n'essaie jamais de prendre la place de son patron auprès des enfants qu'il rencontre? Il accepte candidement de n'être que son dévoué serviteur, pas plus.

À l'image de notre ego, Rudolf se contente de transporter son vieux sage, en s'efforçant toutefois de prendre la direction que celui-ci lui indique. Bien sûr, il lui arrive parfois de jouer des tours à son vénérable maître qui, soit dit en passant, entend bien à rire. Il peut dévier un peu du chemin tracé, mais il finit toujours par revenir sur la bonne route, car il ne veut pas perdre trop de temps et risquer aussi de décevoir les enfants qui attendent impatiemment sa visite.

Une autre particularité de cet attachant petit renne est qu'il n'aime pas trop souffrir. Sa constante bonne humeur et sa totale dévotion envers son patron n'en sont-elles pas la preuve? Ainsi devrait agir notre ego, en fidèle serviteur de notre âme, de notre vieux sage intérieur, de notre père Noël.

Et voilà, vous avez maintenant en main tous les éléments nécessaires pour bâtir votre propre conte de Noël. Avant de vous endormir le soir, même si ce n'est pas la période des fêtes, faites revivre dans votre tête ce conte féerique. Ainsi renouvelé par votre imagination, il sera différent d'une fois à l'autre. Il deviendra la preuve de votre dévotion envers votre force intérieure et réaffirmera votre recherche constante de simplicité.

À l'avenir, chaque fois que vous entendrez parler du père Noël, de la Fée des Étoiles ou du petit renne au nez rouge, arrêtez-vous quelques instants dans l'antre sacré de votre cœur et laissez votre enfant intérieur vous raconter sa propre histoire du père Noël...

Marie-Rêve

Marie-Rêve

l était une fois une toute jeune fille qui vivait heureuse dans une famille où elle avait l'extrême privilège d'être choyée depuis sa plus tendre enfance. Et, comble de bonheur, ses parents filaient le parfait amour. Ils avaient toujours rêvé d'avoir une enfant comme elle. Il faut dire que, bien avant que cette enfant vienne au monde, sa mère avait déjà reçu en rêve la visite de sa petite âme. Depuis lors, elle s'était mise à parler à son bébé presque toutes les nuits. C'est pourquoi elle décida de l'appeler Marie-Rêve aussitôt qu'elle aperçut sa mignonne frimousse à sa naissance.

Ce don de communiquer par le rêve se transmit donc très naturellement de la mère à la fille, et celle-ci, vous pouvez le deviner, devint à son tour experte en ce domaine. Dès qu'elle eut l'âge de comprendre — comme s'il y avait un âge pour cela —, la jeune fille ne se contenta plus de rêver la nuit. Elle se surprit même à le faire alors qu'elle était éveillée. Et le plus extraordinaire dans tout cela, c'est que toutes les choses qu'elle pouvait concevoir dans le domaine du réalisable se produisaient toujours, et dans le temps voulu. Elle n'avait, par exemple, qu'à s'imaginer possédant une poupée magnifique aux grands yeux rieurs pour la recevoir en cadeau quelques jours ou quelques semaines plus tard, sans même qu'elle ait à le demander. Durant toute sa jeunesse, ses rêves devinrent ainsi réalité les uns après les autres, jusqu'au jour où...

À l'âge de douze ans, son père, qu'elle chérissait plus que tout, mourut de façon tragique. Plusieurs mois passèrent dans l'ombre de cette tragédie, sans qu'un seul songe daigne venir peupler ses nuits. C'était comme si son cher papa avait emporté dans l'au-delà le sac de rêves de sa petite fille adorée. Marie-Rêve ressentait une incommensurable peine de ne voir désormais que du noir sur l'écran jadis magique de sa conscience. Mais qu'y pouvait-elle, sauf attendre? Et encore, attendre quoi?

La vie reprit quand même son cours. Quelque temps plus tard, sa mère rencontra un homme merveilleux qu'elle aima et qui, par la force des choses, devint l'ami de Marie-Rêve. Avec l'arrivée du prince charmant dans la vie de sa mère, la petite fille reprit peu à peu contact avec le bonheur et elle se remit à rêver. Emportée par sa fougue, elle s'empressa d'en informer son beau-père. En entendant les propos insolites de Marie-Rêve, celui-ci s'esclaffa. Il faut dire que cet homme, quoique doté d'une personnalité aimable et joviale, était un être rigoureux qui ne croyait nullement aux choses dites de l'esprit. Tout ce qu'on ne pouvait mesurer scientifiquement faisait pour lui partie de l'imagination et se trouvait donc complètement en dehors de la réalité.

« Je t'en prie, petite fille, lui dit-il, ne crois pas à ces sornettes. Les rêves n'ont aucun sens et ne sont que le pur produit de l'imagination. C'est prouvé, tu sais. Je suis convaincu que tout ce qui arrive en ce bas monde n'est qu'une suite de hasards n'ayant aucun lien entre eux. Ce qui doit arriver arrivera, que l'on en rêve ou non. Ne prends donc plus tes rêves pour des réalités, cher ange, car tu seras toujours déçue! »

Ces paroles eurent l'effet d'une douche froide sur la fillette. À la grande surprise de son interlocuteur, qui croyait pourtant lui avoir parlé avec sincérité et amitié, Marie-Rêve s'enfuit, son visage baigné de larmes amères. En quelques instants, elle avait vu tout son monde s'effondrer. Son véritable père n'avait jamais douté d'elle ainsi. Il l'avait toujours encouragée à développer ce don spécial qu'elle avait. Il lui avait lui-même signalé que plus ses rêves étaient élevés, plus son futur allait en être tapissé. Et voilà que cet homme lui demandait de changer de cap, avec une vérité toute contraire à la sienne. Mais qui donc disait vrai?

Noyée dans une mer de confusion, Marie-Rêve pleura et pleura, déversant toutes les larmes de son corps jusqu'à épuisement complet. En désespoir de cause, elle alla raconter son désarroi à sa mère, qui l'accueillit avec chaleur et sérénité:

« Cher amour! lui dit-elle en la serrant tendrement dans ses bras, comme elle avait toujours l'habitude de le faire dans les moments de crise. Ton vrai papa ne t'aurait-il pas dit que c'est à toi de décider de ce qui est bon pour toi, et non les autres? Car personne ne possède LA Vérité. Chacun a la sienne propre, qui diffère de l'un à l'autre, et ça, ni toi ni moi n'y pouvons rien changer: c'est le plus important principe que je connaisse.

« Je crois également que la vérité de chacun se matérialisera dans sa vie selon ses propres croyances. Si tu as véritablement foi en l'amour, celui-ci viendra à coup sûr meubler ton existence. Par contre, si tu ne jures que par la souffrance, sois assurée que cette dernière sera constamment au rendez-vous. C'est une compagne fidèle, si on peut la définir ainsi, qui te vouera une extrême loyauté! Sache que ce n'est pas le rêve lui-même qui influence une vie, mais plutôt le fait que l'on y croie ou qu'on lui accorde ou non de l'importance.

« Tu sais, ton père et moi avons toujours cru inconditionnellement à la réalité du monde de l'âme; c'est pourquoi nous t'avons inconsciemment transmis cette passion pour le rêve. Si tu t'en es toujours servi jusqu'ici, c'est que tu croyais en sa force, c'est tout! Comme tu baignais continuelle-ment dans cet univers, ton cœur d'enfant n'a jamais éprouvé le moindre doute.

« Mais maintenant que tu deviens adulte, la vie se sert de ton entourage pour vérifier tes croyan-ces, tu comprends? Cette situation délicate que tu viens de vivre est un simple test que veut te faire passer ton âme en utilisant ton nouveau père comme intermédiaire. Comme tu as pu le consta-ter, cet homme ne croit pas à l'importance du rêve. Par conséquent, les rêves n'influencent aucune-ment sa vie; du moins s'ils le font, il ne s'en aper-çoit pas. Respecte donc *sa* vérité, mais ne te sens pas obligée de la faire tienne. En t'affirmant dans tes croyances, tu leur redonneras tout leur pou-voir, et le tour sera joué. »

Marie-Rêve réfléchit quelques instants, puis elle essuya ses larmes et regarda sa mère en poussant un long soupir: « Si je comprends bien, j'ai tou-jours le droit de rêver? constata-t-elle sur un ton légèrement rieur. Mes rêves continueront à se réa-liser comme avant, en temps voulu, peu importe si on essaie de m'en dissuader? »

— Tu as bien compris, c'est exactement cela », conclut tendrement sa mère.

Marie-Rêve profita donc de ces derniers instants d'intimité dans les bras de sa maman pour réaffirmer à sa conscience sa foi profonde en ses rêves. Elle fit intérieurement le vœu qu'à partir de maintenant, elle ne donnerait plus jamais à personne le pouvoir de modifier ses croyances sans sa permission. Mais en contrepartie, elle s'engagea à ne pas le faire non plus pour les autres.

S'arrachant à sa confortable position, elle se rendit d'un pas alerte dans la chambre voisine et elle sauta au cou de son nouveau père pour l'embrasser. Celui-ci était encore tout ébranlé à cause du brouhaha qu'il avait créé et dont il se sentait coupable d'avoir bien involontairement été la source. Non sans une certaine ironie, Marie-Rêve lui glissa à l'oreille:

« Tu m'excuseras, papa, mais je dois m'en aller... pour rêver un peu! J'ai un tas de projets à mettre en route. »

Évitant tout commentaire, car il avait bien retenu la leçon, son beau-père lui lança un clin d'œil complice, comme pour lui confirmer qu'il avait parfaitement compris le sens de son intervention et qu'il appréciait le respect mutuel qui venait de s'installer entre eux.

Marie-Rêve regagna sa chambrette et s'allongea sur son lit, le cœur en paix. Elle ferma les yeux et vit soudain apparaître, sur l'écran de son âme, le prince charmant tant attendu, l'amour de sa vie... La foi absolue en ses rêves étant revenue, Marie-Rêve était sûre désormais que son beau prince allait venir bientôt. Oui! Elle en était de nouveau certaine...

Le Grand Train de la Vie

Le Grand Train de la Vie

n raconte qu'il existe un train magnifique et interminable qui sillonne l'univers depuis la nuit des temps pour combler tous les désirs de ses habitants. On le surnomme le Grand Train de la Vie, et rares sont ceux qui n'ont pas perçu sa présence ou même vu sa silhouette traverser subrepticement leur horizon un jour ou l'autre. Ce convoi magique n'a pas besoin de rails, selon ce que rapportent ceux qui l'ont aperçu, et il glisse silencieusement dans le ciel en ne s'arrêtant jamais. Il est tellement gigantesque, dit-on, qu'il ne semble avoir ni début ni fin.

Ce train existe, vous pouvez en être sûr. D'ailleurs, plusieurs enfants vous le confirmeront, ceux-là mêmes qui voient le père Noël dévaler joyeusement le firmament au cours de la sainte nuit. À l'image de ce bon vieux sage à la barbe blanche, le Grand Train de la Vie n'existe que si l'on croit en lui. Donc, si vous voulez jouer le jeu, empruntez vos yeux d'enfant pour quelques minutes et regardez passer ce train qui pointe justement à l'horizon...

En ce moment même, il traverse le ciel au-dessus d'une vallée peuplée de milliers de personnes qui le regardent circuler avec beaucoup d'intérêt. On peut voir de très loin la locomotive qui tire le convoi car elle brille d'une lumière éclatante, illuminant les contrées qu'elle s'apprête à sillonner. Quant aux wagons, ils sont multicolores et percés d'immenses fenêtres toutes grandes ouvertes. On peut aussi remarquer que chacun des wagons est chargé d'une quantité innombrable de cadeaux de toutes sortes et de toutes dimensions.

À l'intérieur, des petits êtres souriants, que certains pourraient appeler des fées, des elfes ou des gnomes — peu importe le nom qu'on leur donne, ils sont si magnifiques — ont l'agréable tâche de lancer ces cadeaux par-dessus bord. Mus par un dévouement divin — donc sans rien attendre en retour — ils effectuent leur travail allègrement, sans s'attarder auprès de ceux qui reçoivent ces dons du ciel, et sans même se soucier de ce que ces gens feront avec.

Les joyeux troubadours du Train de la Vie donnent inlassablement et sans compter. L'amour inconditionnel qui les anime se transmet également à chaque cadeau qu'ils lancent par la fenêtre de leurs wagons.

Si vous êtes bien attentif, vous remarquerez également une chose particulièrement bizarre: le train semble ne jamais se vider de son contenu; on pourrait même jurer qu'il se remplit à mesure! Plus les petits êtres rieurs distribuent leurs largesses, plus il apparaît de nouveaux colis à leurs côtés. Leur réserve de présents serait-elle donc illimitée? Pourquoi pas après tout? Alors, pouvez-vous apprécier cette merveille qui se déroule actuellement sous vos yeux d'enfant?

Maintenant, portez votre attention sur la foule qui bénéficie de ces dons du ciel. Vous y verrez toutes sortes de gens. Il y en a, entre autres, qui ont les bras et les jambes bien croisés. Recroquevillés sur eux-mêmes, ils regardent impassiblement virevolter les cadeaux au-dessus de leur tête et autour d'eux. Freinés par la peur de perdre ce qu'ils possèdent déjà ou obnubilés par la perspective de devoir s'ouvrir aux autres, ces malheureux n'osent pas ouvrir leurs bras. Ce qu'ils serrent ainsi contre eux-mêmes, c'est leur passé. Ils risquent de s'étouffer avec s'ils persistent à ne pas vouloir en laisser échapper une seule goutte! À les voir agir, on pourrait presque penser que leur passé, même s'il est douloureux, leur est tellement précieux qu'ils n'osent pas s'en détacher. Peut-être craignent-ils de s'en ennuyer un jour ou qu'on cesse de s'intéresser à eux s'ils ne sont plus secoués par la peine. Qui sait?

Vous comprenez maintenant mieux pourquoi ces bras demeurent fermés et solidement attachés au passé. Ils n'arrivent pas à s'ouvrir pour saisir la moindre nouveauté qui tenterait de se frayer un chemin dans leur vie. Leur cœur les exhorte à lâcher prise, mais leur tête a le dessus et leur dit « non ». Ils choisissent alors le *statu quo*, cette illusoire sécurité dans laquelle il est si tentant de se réfugier. Ils croient qu'il vaut mieux ne pas essayer d'attraper l'un de ces cadeaux, si merveilleux soit-il, de peur d'être obligés de changer quelque chose dans leur vie.

Remarquez également que ces personnes réfractaires au changement, même si elles sont debout, ont les jambes solidement croisées, ce qui les maintient en constant déséquilibre. Aussitôt qu'une grande joie les frôle de trop près ou que quelqu'un essaie de leur donner un peu d'amour à leur insu ou sans leur consentement, elles perdent pied et se retrouvent complètement déstabilisées. Pas surprenant qu'elles préfèrent ne rien recevoir afin de ne rien devoir à quiconque.

Combien de personnes se comportent comme ces infortunés, se fermant délibérément à l'amour, au monde de l'émotion libératrice et à l'ouverture aux autres? Elles n'aiment pas recevoir, par peur d'accumuler en contrepartie des dettes envers autrui. Toutefois, à l'image des petits êtres du Train de la Vie, il y a beaucoup d'humains, et beaucoup plus qu'on ne le croit, qui sont prêts à donner sans rien attendre en retour.

Mais laissons là cette catégorie de personnes fermées à la nouveauté et regardons-en une deuxième, celle des receveurs, des receveurs conditionnels. Comme les précédents, ces êtres ont les pieds croisés, mais leurs bras sont par contre tout grands ouverts. De cette façon, ils réussissent à saisir quelques-uns des cadeaux qui leur tombent du ciel, à condition toutefois que ceux-ci ne soient ni trop gros, ni trop dérangeants; sinon, ils perdent pied et croulent sous le poids. Avares des perles ainsi reçues, ils les gardent pour eux au lieu de les partager avec autrui. Comme ils ne peuvent se déplacer à cause de leurs jambes croisées, ils ne font que recevoir sans jamais rien donner. Contrairement aux personnes de la première catégorie, ils saisissent au moins au passage quelques-uns des cadeaux provenant du train magique. Cependant, en ne donnant rien aux autres, ces présents s'accumulent inutilement à leurs pieds et le risque sera grand qu'ils s'y attachent trop. La chaîne de partage s'arrêtera alors à eux, car dites-vous bien que dans la vie, si un cadeau n'est pas de passage, ce n'est pas... sage!

La meilleure façon de faire fructifier un talent n'est-elle pas d'en faire profiter les autres ou de le transmettre à autrui? Si un joyau, même le plus beau, est maintenu caché dans un écrin, doré ou non, il ne pourra jamais capter les rayons de la lumière du jour qui lui sont nécessaires pour irradier autour de lui.

Ces gens aux pieds joints ont la particularité de ne pas avancer ni reculer. Ils profitent simplement de la vie sans trop s'occuper de ce qui se passe autour d'eux. Mais il faut dire qu'ils ont déjà fait un pas dans la bonne direction et qu'ils sont quand même beaucoup plus heureux que la catégorie des gens fermés à tout.

Il existe toutefois dans cette vallée une troisième sorte de personnes, dont les bras sont grands ouverts, et les jambes particulièrement agiles. À l'instar des arbres majestueux que l'on admire un peu partout, ces amoureux de la vie ont les bras et les mains bien tendus vers le ciel. Quant à leurs pieds, qui leur servent de racines, ils se nourrissent à satiété de l'énergie que leur transmet sans cesse leur mère la terre. Remarquez la frénésie qui s'empare d'eux lorsque les cadeaux se mettent à pleuvoir de tous côtés. Ils se font un devoir d'attraper ces présents, et ils en prennent plein, plein, plein...

À cause de leurs jambes agiles toujours en mouvement, ils peuvent courir au-devant du train qui arrive et intercepter tous les présents qui en fusent au lieu de rester constamment en état d'attente. Pour eux, toute prière est inutile si elle n'est pas suivie immédiatement d'une action concrète. C'est pourquoi on ne les voit jamais s'ennuyer, occupés qu'ils sont à recevoir leurs dons divins et à les faire fructifier en eux; car ces dons sont redonnés aussitôt qu'ils sont reçus. Ils les partagent avec leurs frères et sœurs, qui ont peut-être pour l'instant les pieds liés. Et ils espèrent qu'un jour, ceux-ci auront à leur tour envie de danser et de profiter de la vie comme eux. Car aucun élan d'amour n'est jamais vain.

Ces passionnés de l'évolution n'oublient pas non plus leurs concitoyens de la première catégorie, ceux-là mêmes qui, pour l'instant, préfèrent demeurer refermés sur eux-mêmes. À leur insu, ils déposent quelques présents à leurs pieds, sans insister pour qu'ils les ouvrent, ni même qu'ils se sentent obligés de les accueillir. Ils les mettent juste là au cas où... Et un jour, lorsque ces irréductibles de la passivité sont convaincus qu'ils ne risquent d'être surpris par personne, ils osent se pencher et desserrer les bras pour ouvrir leurs cadeaux à l'abri des regards indiscrets... Et qui sait, peut-être que la brèche qu'ils auront laissé s'ouvrir dans leur carapace leur fera tellement aimer ce qu'ils verront qu'ils en oublieront alors de croiser à nouveau les bras. Ainsi, ils pourront à leur tour se mettre à glaner leurs propres étincelles d'étoile!

Et maintenant, le train continue sa route. Il laisse derrière lui des gens déçus de n'avoir pas su profiter de la manne qui passait, tandis que d'autres sont tellement occupés à déballer leurs cadeaux qu'ils n'ont pas le temps de ressentir de la peine en le voyant s'éloigner. Mais, il faut bien le dire, la plupart d'entre eux ont les yeux brillants de gratitude, car ils sont reconnaissants envers ce merveilleux chef de train qui a daigné faire passer son convoi de rêve dans leur vie. Regardez-les saluer de la main les fées et les gnomes qui continuent inlassablement de distribuer leurs perles.

Derrière le train, une gigantesque banderole flotte au gré du vent. Un vibrant message d'espoir y est inscrit à l'intention de tous ceux et celles qui ont dit ou qui diront *Oui* à la vie. Ce message est celui-ci: « Acceptez avec gratitude et humilité tout ce qui vous est donné. Si vous croyez que vous méritez le meilleur, votre récolte sera à la mesure de vos rêves et de votre capacité à donner à votre tour. À bientôt, nous repasserons. »

Tchou... Tchou... Tchou...

Le Diamant de la
Connaissance et de la Vérité

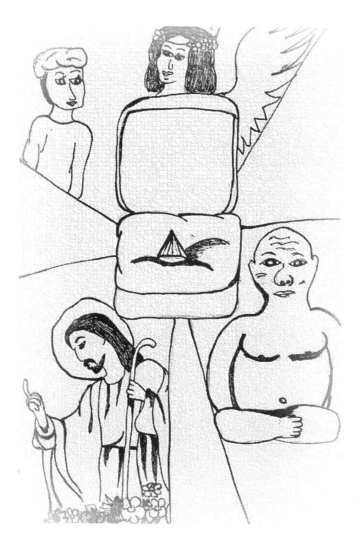

Le Diamant de la Connaissance et de la Vérité

l y a de ça très très longtemps, peut-être même était-ce au début des temps, un somptueux diamant d'une valeur inestimable et d'une beauté indescriptible a été placé, selon une vieille légende, dans un écrin doré, puis installé en plein cœur de l'univers. On appelait cette pierre le Diamant de la Connaissance et de la Vérité, car sa pureté appartenait à l'Absolu. Selon la même légende, ce superbe joyau aurait été taillé par Dieu lui-même. Celui-ci y aurait inséré toute Sa sagesse qu'il aurait parsemée sur une multitude de faces dont chacune recelait une part de Vérité.

Le Grand Joaillier se disait alors que quiconque contemplerait Son œuvre dans son ensemble et en verrait en même temps toutes les faces serait automatiquement imbu de la Connaissance et de la Vérité qu'elle contenait.

Mais tel ne fut pas le cas, car, après un certain temps, quand le Créateur s'en fut allé vaquer à Ses autres affaires, les choses tournèrent au vinaigre dans l'écrin magique. En effet, éblouies par leur beauté suprême, certaines des faces du diamant commencèrent à se prendre pour le joyau entier. Elles se mirent à se louanger elles-mêmes et à prôner la supériorité de la parcelle de vérité qui avait effectivement été placée en elles par le Très-Haut.

« Eh! Oh! s'écria l'une des faces à l'univers environnant, essayant par tous les moyens d'attirer l'attention! Regardez-moi! Ne suis-je pas la plus brillante de toutes? Si vous vous efforcez de me ressembler, peut-être serez-vous un jour admis dans mon royaume. Vous ne le savez peut-être pas, mais un homme prénommé Jésus, le fils du Grand Joaillier, celui-là même qui m'a transmis Sa sagesse, est venu séjourner ici pendant un certain temps. Sachez, chers fidèles, que c'est sur ma facette qu'il a semé la bonne nouvelle, et c'est sur elle aussi qu'il a fondé une des plus grandes religions du monde. Pendant toute la durée de son séjour, il n'a prêché que les bienfaits de l'amour. C'est donc en mettant votre foi en moi que vous serez sauvé. »

Tout imbue d'elle-même, la petite face s'acharna ainsi à proclamer sa vérité pendant que, d'une facette voisine, une autre voix tentait également de se faire entendre.

« Eh! Oh! déclara-t-elle dans une langue s'apparentant à l'arabe. Vous voulez toucher à la véritable Connaissance? Ne cherchez plus et venez vous établir ici, car je peux vous assurer que la Vérité réside en ma demeure. Un jour, un très grand prophète du nom de Mahomet est venu s'installer sur la face du joyau d'où je vous parle. C'est ici même, je vous le jure, que l'archange Gabriel a investi cet homme de sa mission divine. Il s'agissait de faire connaître Allah, notre Saint Joaillier, le seul et unique Maître, celui au pied duquel toutes les autres religions devront s'agenouiller un jour. Et gare à ceux qui refuseront de se plier aux exigences de notre grand Allah! Sinon... »

Et la petite face enflammée continua ainsi à vouloir imposer unilatéralement sa vérité. Mais une autre voix plus suave s'éleva à deux ou trois faces de là...

« Aoum! Aoum! Aoum! scandait cette voix à travers un nuage d'encens très dense, bercée par le son plaintif d'une cithare indienne. Venez tous méditer sur mon sol. Vous y trouverez à coup sûr la Vérité, laquelle vous sera délivrée par la bouche des plus grands gurus. Un de ceux-ci, un certain Bouddha, est effectivement descendu ici un jour. Durant de très longues années, bien installé sur cette face d'où je vous parle, il a enseigné la tolérance et le respect. C'est depuis ce temps que nous nous efforçons de lui rendre tous les honneurs dus au rang qu'il occupe dans la hiérarchie céleste.

C'est ici que vous trouverez les temples les plus beaux, les plus riches aussi, ainsi que les statues des maîtres « ascensionnés » les plus vénérés de l'univers entier.

« Nous vous apprendrons à méditer selon notre tradition et nous vous aiderons à retrouver rapidement votre Soi. Peut-être deviendrez-vous maître à votre tour et serez-vous aussi adulé pour la sagesse que vous aurez acquise ici... »

Et la petite face continua à proclamer sa vérité tandis que des milliers d'autres voix s'élevaient de part et d'autre de l'écrin magique, qui commençait d'ailleurs à perdre progressivement de sa luminosité. Chacune des faces affirmait ouvertement, ou parfois à mots couverts, que sa philosophie était la meilleure et que les autres devraient un jour s'y rallier afin que le joyau retrouve sa brillance originelle.

Toutes les faces tenaient ce genre de langage, sauf une, qui se trouvait tout au bas du joyau. Elle ne s'était jamais exprimée jusque-là, se contentant d'écouter ce qui se disait et tentant, au meilleur de sa connaissance, de séparer l'ivraie du bon grain. Elle ne faisait sienne que les paroles qui se conformaient à son bon sens. C'était d'ailleurs cette attitude qui l'avait toujours entraînée vers une vie simple, dénuée de bien des peurs et de limitations.

Elle avait grandement apprécié entendre parler de Jésus et de son amour inconditionnel. Mais elle se disait que celui-ci n'aurait sûrement pas voulu que la religion fondée en son nom se proclame supérieure aux autres. Certains propos tenus par Mahomet et dont elle avait pris connaissance à travers le Coran lui plaisaient également. Mais elle refusait de croire qu'un homme d'une telle sagesse ait pu déclarer que sa religion fût la seule à détenir la vérité absolue; pire encore, que ses disciples devraient se plier à ses exigences coûte que coûte sous peine d'encourir de sévères représailles. Pour ce qui était du fameux Bouddha, elle appréciait ses édits de sagesse, notamment ceux relatifs au respect des croyances des autres. Elle vibrait énormément au contact de cette philosophie de tolérance; mais elle pouvait difficilement concevoir que la méditation intensive et la soumission inconditionnelle envers un guru soient la seule voie pouvant mener à la libération.

Mue par l'humilité et le désir de se connaître davantage, la petite face cachée écouta durant des siècles et des siècles tout ce qui se disait à la surface du joyau dont elle faisait partie. Cependant, elle ne gardait de ces enseignements que ce qui la libérait et rejetait tout ce qui aurait eu pour effet de l'enchaîner.

Alarmé par tout le brouhaha soulevé par l'énergie perturbatrice, qui commençait même à déborder de l'écrin, le Grand Joaillier crut bon d'intervenir. Pour cela, il contacta personnellement la seule petite face qui lui était restée réellement fidèle et lui enjoignit de s'exprimer en son nom:

« Il est temps que tu remettes de l'ordre dans ce chaos et que tu Me redonnes vie, lui dit-il. Quant à vous, cria-t-il à l'intention des autres faces, qui n'avaient même pas remarqué Sa présence, taisez-vous! »

L'autorité avec laquelle avaient été lancés ces deux derniers mots réussit à faire cesser le moindre chuchotement. Un silence total s'installa...

« Hum! Hum! fit alors une petite voix en provenance d'un coin perdu du joyau. Visiblement, elle était impressionnée par l'intérêt qu'on lui prêtait soudain. Je vous écoute clamer votre vérité depuis longtemps et, sans vous flatter, je trouve merveilleux de vous entendre parler ainsi de vos dieux respectifs. Mais ce qui me dérange, osa-t-elle ajouter d'une voix tremblante, c'est que vous parlez tous en même temps et que vous ne prêtez jamais l'oreille aux perles de sagesse qui fusent aussi des facettes voisines. À en juger par la justesse de vos propos, il est évident que vous possédez toutes une partie de la Vérité, mais vous avez oublié que personne d'entre vous n'est toute cette Vérité. »

Un malaise bien perceptible s'installa sous l'écrin. Certaines faces se mirent à maugréer en voyant soudain leur suprématie mise en doute par une si petite face, inconnue en plus, qui n'avait même pas d'orientation religieuse définie, et pas le moindre disciple non plus. Mais pour qui se prenait-elle, cette petite prétentieuse? Par contre, un argument majeur jouait en sa faveur: le Grand Joaillier l'avait personnellement chargée de parler en son nom. Et c'est uniquement pour cette raison que les faces se turent de nouveau. Elles reprirent leur écoute avec plus ou moins de facilité, car l'ego avait déjà établi son emprise sur la plupart d'entre elles.

« Je ne veux surtout pas vous dénigrer, encore moins vous diviser, reprit la douce voix. Je veux simplement vous inciter à reprendre le dialogue au lieu de vous battre à coup d'idéologies. Pourquoi ne vous occuperiez-vous pas de bâtir ensemble un avenir fondé sur vos ressemblances plutôt que sur vos différences? Ce principe n'est-il pas à la base de tout projet commun?

« Notre joyau est tellement merveilleux quand on le regarde dans son ensemble. Faites-moi plaisir. Oubliez un instant vos édits religieux, vos prières, vos rituels, vos méditations et vos lois, et prenez quelques instants pour vous élever toutes ensemble. Constatez alors que c'est la somme de toutes les faces du diamant qui fait son unique beauté et sa richesse infinie. Sans la totalité de notre joyau, nous ne sommes rien. N'obligez pas le Grand Joaillier à fermer à tout jamais cet écrin qui nous sert d'univers commun, afin de nous empêcher d'exercer notre influence négative sur le reste de Sa création.

« Vous pouvez continuer à vous développer individuellement, à polir chacune de vos facettes, ce qui est très bien. Mais, je vous en prie au nom de ce que j'ai de plus cher au monde, ma liberté, gardez l'esprit ouvert. Ne vous prenez plus jamais pour les détenteurs uniques de la Vérité suprême.

« Développons notre vérité chacune de notre côté, et du mieux que nous le pouvons, en nous ouvrant constamment à celle des autres. La Grande Vérité naîtra de chacune de nos petites vérités, vous comprenez? Lorsque nous aurons pu établir suffisamment de liens entre nous et que nos disciplines respectives sauront se nourrir les unes des autres au lieu de se combattre, alors seulement la Vérité éclatera. Et c'est ainsi que nous en viendrons à ne former qu'un seul et unique diamant de la Connaissance. »

À ces mots, l'écrin magique, qui avait été clos par son Créateur depuis un bon moment déjà, afin d'éviter l'épidémie d'égoïsme et d'étroitesse d'esprit qui était en train de se répandre, se rouvrit sous les yeux ébahis de tous. Chacune des faces du diamant se mit alors à capter les rayons du soleil, et il émana de chacune une couleur particulière. Des milliers de teintes différentes furent ainsi projetées dans l'Univers, unies pour une première fois et exprimant une seule et même Vérité. Toutes les faces faisaient enfin partie du même TOUT.

Bercé par cette symphonie de couleurs et de sons célestes, le Grand Joaillier put enfin réintégrer Sa propre création et devenir à son tour chacune de Ses faces...

Le Vieux Sage et
le Grand Méditant

Le Vieux Sage
et
le Grand Méditant

 l était une fois, dans un village perdu aux confins du Tibet, un très grand maître spirituel qui avait reçu de son propre maître le pouvoir de donner l'ultime clef de la sagesse à ceux qui lui en feraient la demande et qui en seraient dignes. Un jour, un initié de longue date vint lui rendre visite.

« Cher maître, lui dit le chercheur de vérité, mon nom est Iséris, et je peux humblement me considérer comme un grand méditant. Je pratique la méditation depuis de nombreuses années dans le nord de l'Inde, sous la tutelle d'un guru « réalisé ». Je médite quotidiennement pendant cinq à six heures d'affilée, et je crois sincèrement pouvoir mériter cette dernière clef de la sagesse que vous possédez apparemment; c'est elle qui me permettra de devenir à mon tour un maître « réalisé ». Tel est l'objet de ma visite aujourd'hui. Pouvez-vous

me donner cette clef? J'ai tant à faire pour enseigner à mes concitoyens tout ce que j'ai appris
auprès de mon père spirituel. »

Le vieux sage regarda Iséris droit dans les yeux,
pour sonder les véritables desseins de son âme,
après quoi, il lui dit d'une voix calme et désarmante
de sincérité:

« J'ai bien peur qu'il ne te faille aller encore
plus loin, jeune homme. Reviens me voir quand
tu seras vraiment sûr que la méditation n'a plus de
secrets pour toi. Va! Va! »

Iséris retourna dans son village en maugréant.
Que pourrait-il apprendre de plus dans cet art qu'il
croyait pourtant bien maîtriser? Cependant, rempli de bonne volonté, il se remit à l'œuvre dès son
arrivée au bercail. Après s'être imposé durant plusieurs mois une discipline beaucoup plus sévère
que d'habitude ainsi que des centaines de petits
sévices supplémentaires, il se sentit enfin arrivé au
bout de sa route et retourna rencontrer le sage
tibétain. Celui-ci l'accueillit, encore une fois, avec
une certaine réserve.

« Cher maître, me voila de nouveau, dit Iséris
dont les yeux ne pouvaient cacher une certaine
frustration devant l'attitude plutôt cavalière manifestée par son hôte envers le grand méditant qu'il
était. Vous devez bien vous en douter, je viens à
vous afin de vous demander une seconde fois de
me donner la dernière clef de la sagesse. J'ai suivi

vos recommandations à la lettre et je me suis astreint, durant les derniers mois, à méditer plus de huit heures ininterrompues chaque jour. Je crois sincèrement être arrivé au but. Et, sauf votre respect, cher maître, j'ai reçu, au cours de mes méditations, de nombreux messages du Bouddha lui-même m'indiquant que j'étais fin prêt à devenir un chef spirituel. Mais il me manque encore cette fameuse clef que je dois recevoir de vos mains. Pouvez-vous enfin me la remettre pour que je puisse me consacrer entièrement à l'enseignement, une responsabilité que me conférera mon nouveau titre de maître de la méditation? »

Le vieux sage sonda encore une fois l'âme du grand méditant en lui posant une question quelque peu hors contexte:

« Peux-tu me dire ce que tu fais après tes huit heures quotidiennes de méditation?

— Euh! hésita Iséris, pris au dépourvu. Je me repose un peu, car les efforts de concentration que je fais me demandent beaucoup d'énergie; après quoi, je reprends ma vie normale. Il m'arrive aussi, je l'avoue, de faire la fête, car mon mental a parfois besoin de se divertir. J'ai aussi un travail au village, enchaîna-t-il comme pour s'excuser de ses errements passagers, mais, croyez-moi, ce n'est vraiment pas ma priorité. Pour moi, c'est le développement spirituel qui prime, et c'est ce qui prévaudra toujours...

— Il te faut donc aller encore plus loin, laissa tomber le vieux sage malgré la mine déconfite de son interlocuteur. Reviens-moi quand tu seras vraiment sûr — et il appuya sur ces deux derniers mots — d'être devenu un maître incontestable de la méditation.

— Mais j'en suis un, répliqua sèchement Iséris. Ne l'ai-je pas prouvé en faisant tout ce que vous m'avez demandé jusqu'ici?

— Tut! Tut! chuchota le vieux sage, nullement impressionné par la réaction émotive de son disciple. Va! Va! »

Iséris s'en retourna donc chez lui une seconde fois, grognant de rage devant l'incompréhension de ce prétendu sage qui n'avait sûrement rien compris à sa démarche. Mais la détermination d'Iséris à atteindre son but étant quand même la plus forte, il n'abandonna pas la poursuite de son rêve. Il se remit très rapidement au travail spirituel. Mais, cette fois, il se consacra entièrement à sa discipline personnelle, laissant derrière lui les préoccupations matérielles; car celles-ci allaient à l'encontre de son ultime quête: devenir maître et recevoir ainsi la reconnaissance de ses pairs.

Il s'isola du monde durant une année complète et se mortifia corps et âme en tentant de se tenir le plus possible à l'intérieur de vibrations élevées. Un beau matin, la voix du vieux sage l'extirpa de l'une de ses méditations extatiques, lui enjoignant de venir le rencontrer au plus tôt. Iséris n'attendait que cet appel pour reprendre son bâton de pèlerin. Plein d'espoir, il entreprit à nouveau le très long voyage vers le Tibet.

À sa grande surprise, le maître de sagesse l'accueillit cette fois avec dignité et déférence.

« Bienvenue dans mon humble demeure, dit le maître en s'inclinant respectueusement devant son invité. Raconte-moi maintenant où tu en es rendu dans ton cheminement, dans la pratique de ce qui est devenu ton art. Es-tu vraiment convaincu d'avoir atteint tes buts ultimes? »

Iséris acquiesça tout en relevant très subtilement les épaules de contentement, sachant qu'il recevrait bientôt la clef tant convoitée.

« Cher maître, enchaîna-t-il, comme vous le savez sûrement pour m'avoir visité à maintes reprises durant mes périodes de contemplation, j'ai cru bon d'abandonner mon travail pour me consacrer entièrement à la méditation. Cette décision a porté fruit, car maintenant, je peux méditer durant douze heures d'affilée sans broncher. Je ne ressens même plus la faim tellement je suis absorbé par les saintes vibrations qui m'entourent alors. Pendant la dernière année, j'ai reçu régulièrement la visite du Bouddha, de Jésus et même de Mahomet. Tous m'ont confirmé que j'étais prêt à recevoir de vos mains la dernière clef de la sagesse. Vous m'avez appelé, et me voici. Je suis impatient de posséder cette clef... »

Les yeux d'Iséris brillaient plus que d'habitude, et ceux du vieux sage plongèrent encore une fois au cœur de l'âme de son vis-à-vis.

« Je suis désolé, balbutia le maître de sagesse sur un ton lourd de lassitude. Il te reste encore beaucoup de chemin à parcourir avant de mériter cette fameuse clef. Va plus loin, et reviens-moi quand tu auras dépassé l'ultime limite que tu t'es fixée. Va! Va! »

Cette fois, c'en était trop. Iséris eut beau protester et utiliser ses arguments les plus convaincants pour renverser le verdict, le sage ne broncha pas. Les yeux remplis d'amour, il montra poliment le chemin de la sortie à son invité. Mais, dans son for intérieur, il savait très bien qu'il allait le revoir très bientôt.

Désabusé, Iséris quitta la pauvre masure et s'assit sur un simple rocher qui l'accueillit comme un roi. Il pleura à chaudes larmes en pensant à ses espoirs anéantis. Il était indubitable qu'il ne pourrait jamais devenir un maître. Il avait atteint les limites de sa discipline, et il savait parfaitement qu'il lui était impossible de les dépasser. Dommage que le vieux sage ne l'ait pas vu ainsi, car il aurait alors compris.

Abattu, Iséris lâcha toutes ses attentes. Alors, l'espace d'un seul petit instant, il traversa en pensée, à une vitesse fulgurante, le voile le séparant de son but ultime. Ce qu'il découvrit au-delà était un univers mille fois plus grand et plus merveilleux que tout ce qu'il avait connu durant ses plus intenses moments d'extase. Et juste avant qu'il ne revienne dans son monde de détresse, un mot surgit à sa conscience et ce mot était « simplicité ». C'était donc là le code secret qui donnait accès au nirvana qu'il venait d'effleurer du doigt.

Ému par l'initiation qu'il venait de vivre sur le rocher qui l'avait accueilli si simplement, Iséris décida de retourner voir le vieux sage. Celui-ci n'avait d'ailleurs pas bougé depuis le départ de son hôte déconfi, comme s'il avait attendu son retour imminent.

« Cher maître, toussota le disciple à bout de souffle en entrant dans la masure, je viens vous annoncer que c'est la dernière fois que je me présente devant vous. À la suite de l'expérience que je viens de vivre, j'ai pris la décision de laisser tomber le cheminement méditatif que j'avais entrepris il y a déjà trop longtemps, à mon humble avis. Je renonce donc à mon idéal de devenir un maître, et même à cette clef que vous vous entêtez à garder si jalousement cachée. Ce n'est pas sans regret que je rends les armes, je dois bien l'admettre. À l'avenir, je me contenterai de vivre avec mes semblables dans la simplicité la plus absolue. Je vais mettre le plus de conscience divine possible dans chacun de mes gestes, et je vais m'appliquer à aimer ce travail au village que j'ai dû abandonner pour satisfaire mes visées spirituelles égoïstes. Je vais cesser de courir après l'extase, pour me contenter de vivre, tout simplement. Au revoir, et excusez-moi de vous avoir fait perdre votre temps. »

Iséris s'apprêtait à tourner les talons pour quitter les lieux, lorsque le vieux sage, qui ne l'avait jamais quitté des yeux pour garder le contact avec son âme, lui tendit une main toute grande ouverte. Comme par magie, il s'y matérialisa une étincelante clef d'or qu'il lui offrit en affichant cette fois un large et enveloppant sourire.

« Enfin tu as compris, jeune homme, dit le maître de sagesse visiblement soulagé. La méditation telle que tu l'as pratiquée si ardûment durant ces dernières années n'était qu'une marche nécessaire qui devait te conduire à un palier supérieur, soit de ne plus en avoir besoin pour contacter la divinité en toi. Tu as tellement voulu raffiner l'outil, que tu t'y es accroché au point d'oublier ce que tu devais construire avec. *La véritable méditation débute aussitôt que tu te lèves de ton coussin*, ne l'oublie jamais.

« Voila! conclut le sage. C'était là la dernière clef. Je te l'offre pour qu'à ton tour, tu puisses la retransmettre à ceux qui seront prêts à la recevoir. Peut-être passeront-ils par les mêmes étapes que

toi et qu'ils se croiront eux aussi en toute honnêteté, rendus au bout de leur route. Va ton chemin
maintenant, je te remets tes lettres de noblesse...
cher maître. »

Les deux derniers mots prononcés par le sage
n'éveillèrent aucun écho chez Iséris. Pourtant, il
avait tellement désiré ce titre! Et aujourd'hui, alors
qu'on le lui offrait sur un plateau d'argent, il se
rendait parfaitement compte qu'il n'en n'avait plus
besoin. Il embrassa une dernière fois le vieux sage,
puis il reprit le sentier du retour, en pressant amou-
reusement la clef magique sur son cœur.

Chemin faisant, il put tant à loisir examiner
cette clef. Il constata alors que quelque chose y
était gravé en toutes petites lettres à peine visi-
bles. Ce mot était le même que celui qu'il avait
entendu sur le rocher près de la demeure du sage,
et ce mot, vous l'avez deviné, c'était... « simplicité »!

Les Tourterelles amoureuses

Les
Tourterelles
amoureuses

Deux petites tourterelles avaient vu le jour dans le même bosquet. Par conséquent, elles s'étaient côtoyées durant toute leur enfance.

Parvenus à l'âge adulte, les deux oiseaux virent leur solide amitié et leur étonnante complicité se transformer en amour. Ils décidèrent alors de faire vie commune. Mila, une femelle d'une beauté remarquable, était très active. Quant à Patou, son amoureux, il était plutôt pantouflard, si on peut s'exprimer ainsi en parlant d'un oiseau. La première fois qu'il avait vu Mila du haut de son nid familial, il avait su instinctivement que cette magnifique tourterelle aux yeux enflammés allait devenir un jour la compagne de sa vie. Aucun doute n'avait jamais effleuré son esprit à ce sujet, même quand Mila lui rappelait que rien n'était éternel, même pas l'amour qui les unissait.

Pour réconforter sa douce moitié, peut-être aussi pour acheter la paix, Patou acquiesçait à demi-mot, feignant de se rallier à ses dires. Mais au fond de lui, son âme lui répétait sans cesse que rien ni personne dans l'univers entier ne pourrait les séparer, et cela, c'était sa vérité.

Dès qu'ils eurent amorcé leur vie commune, les amoureux se mirent à roucouler un peu plus que d'habitude. Ils donnèrent rapidement naissance à deux merveilleux tourtereaux qui eurent tôt fait d'égayer leurs journées. De plus, les exigences liées à leurs obligations de nouveaux parents les forçaient à s'occuper d'autre chose que de s'ébattre dans le nid conjugal!

Mila prit en charge l'éducation des oisillons tandis que son Patou se retira peu à peu à l'arrière-scène, laissant à sa compagne tout l'espace qu'elle désirait afin de mener à bien sa tâche de mère de famille à plein temps. Il ne cessa pas de l'aimer pour autant, mais cet amour s'exprimait différemment.

Mila fut vite exténuée des interminables soins que requéraient ses petits. Même que certains soirs, quand son épuisement était à son comble, il lui arrivait de lancer de ces phrases crève-cœur qui avaient le don de mettre son compagnon à l'envers chaque fois:

« Si ça continue comme ça, éclatait-elle, je quitte le nid. Je te le dis, je m'en vais, car je n'en peux plus! »

Le pauvre Patou restait silencieux, recevant chacune de ces paroles comme autant de coups de poignard donnés en plein cœur. Aurait-il déjà vécu une situation de ce genre avec sa douce dans une autre de ses vies d'oiseau pour réagir ainsi, se demandait-il, ou était-ce seulement le fruit du hasard? Il n'en savait trop rien, mais il n'avait d'autre alternative que de refouler chaque fois ses émotions. Il tentait alors désespérément de consoler sa tourterelle bien-aimée et il se pliait à ses moindres caprices pour qu'elle ne mette jamais sa redoutable menace à exécution.

Un soir de fatigue extrême, Mila ne put empêcher les paroles blessantes de quitter son bec et fit tomber à nouveau son ultimatum. Mais plutôt que de retomber comme d'habitude dans l'éternelle scène du désespoir, Patou préféra cette fois s'envoler dans la forêt. Il y rejoignit Mirka, un hibou d'un âge canonique doté d'une très grande sagesse, qui l'avait constamment accueilli à ailes ouvertes. Depuis sa plus tendre enfance, l'oiseau l'avait toujours bien conseillé dans les moments cruciaux de sa vie.

« Veux-tu bien me dire ce qui se passe? demanda le vieil oiseau de nuit enserrant dans son plumage hirsute son jeune ami qui sanglotait de tout son corps depuis son arrivée au nid.

— J'ai tellement de peine, réussit à articuler, entre deux sanglots, le tourtereau anéanti. Mila vient encore de me lancer, comme elle a l'habitude de le faire dans les moments difficiles, qu'elle veut me quitter. Mais je l'aime tellement! Si cela devait se produire, j'en mourrais... »

Et Patou de vider complètement son sac d'émotions refoulées sur l'aile de son ami et maître. Après avoir laissé s'atténuer la vague émotionnelle du moment, Mirka demanda:

« Est-ce que tu aimes vraiment ta tourterelle?

— Bien sûr, répondit vivement Patou, surpris par cette question dont la réponse était évidente. Qu'est-ce que tu crois? Que je serais dans cet état si je ne l'aimais pas?

— Prends bien le temps de réfléchir avant de répondre, insista le hibou en fronçant les sourcils. Aimes-tu vraiment Mila pour ce qu'elle est ou pour ce qu'elle peut t'apporter comme réconfort, sécurité et affection? »

Patou fut conscient de la profondeur de cette interrogation et prit le temps d'entrer dans son cœur pour y trouver la réponse exacte. Celle-ci tardait à venir, car Patou n'avait jamais envisagé sa relation sous cet angle.

Se rendant compte de la perplexité que sa question faisait naître chez son interlocuteur, le hibou crut bon d'ajouter ceci:

« L'amour dont je te parle n'a rien à voir avec la relation physique qu'entretiennent deux êtres. Ce dont il est question ici, c'est de ce sentiment de fusion avec l'autre, du don de soi véritable et inconditionnel qui ne demande *rien,* et je dis bien *rien,* en retour. Tu comprends? »

Patou acquiesça et se mit à méditer en silence. Lorsqu'il ouvrit finalement les yeux, ceux-ci avaient repris leur lueur d'antan. Se tournant vers Mirka, il affirma, sans qu'aucun doute ne vienne teinter ses paroles:

« Je crois sincèrement aimer Mila pour ce qu'elle est, sans attente aucune. C'est une chose très claire pour moi au moment précis où je te le dis.

— Alors, poursuivit Mirka, si tu l'aimes vraiment pour ce qu'elle est, serais-tu prêt à la laisser s'envoler un jour hors du nid? Pourrais-tu accepter qu'elle se blottissent à jamais entre les ailes d'un autre oiseau si tu étais assuré que celui-ci pouvait la rendre plus heureuse que tu ne le peux? »

Patou fronça les sourcils à son tour en entendant les propos lourds de conséquences tenus par son maître. D'un coup d'aile, il se propulsa dans les airs pour aller se réfugier dans un arbre voisin. Il demeura en silence durant de longues heures, bâtissant dans sa cervelle d'oiseau tous les scénarios rattachés à une telle éventualité, puis il revint voir le vénérable hibou.

« Ma réponse, lança Patou avec conviction, est oui.

— Oui quoi? sursauta le pauvre Mirka, qui s'était endormi entre temps, croyant son ami parti depuis longtemps vers le nid familial, et se disant qu'il était désormais résigné à son sort.

— Oui, répéta Patou la tête haute! J'aime assez ma tourterelle pour ne vouloir que son bonheur à tout prix, même si cela m'amenait à la perdre. J'aurais beaucoup de peine, certes, mais l'amour que j'éprouve pour elle ne s'éteindra jamais. Et c'est cette conviction qui mettrait un baume sur ma plaie et en accélérerait la cicatrisation.

— Alors, ne perds plus un seul instant, ulula le vieux hibou à moitié endormi mais soulagé de voir la tournure que prenaient les événements. Retourne voir ta belle tourterelle et fais-lui part de notre entretien ainsi que de ta décision à son sujet. Allez maintenant, laisse-moi dormir espèce de sacripant! Reviens me voir quand tu voudras, mais pas le jour! Je dors, moi, le jour! Ouh! Ouh! »

Patou revint chez lui, mû par une énergie qu'il n'avait pas ressentie depuis longtemps. Il retrouva Mila qui, les larmes aux yeux, roucoulait dans son coin. Elle craignait que son « grand », comme elle se plaisait à l'appeler dans ses moments de tendresse, ne se soit envolé à jamais.

Aussitôt que son compagnon mis une patte dans le nid, elle se précipita à sa rencontre et le serra contre elle en lui demandant ce qui s'était passé. Évitant de laisser l'émotion gâcher la sauce, Patou regarda sa tourterelle avec les yeux de son âme. Il lui confirma, avec une sincérité qui ne pouvait être mise en doute, qu'il avait découvert qu'il l'aimait assez pour lui rendre sa liberté quand elle le voudrait.

« Je désire seulement, précisa-t-il sur un ton doux et ferme à la fois, que tu cesses de me menacer de partir. Si tu savais quel mal ça me fait de t'entendre mettre ainsi notre amour en doute. Mila, je te le dis une dernière fois: si un jour tu croyais vraiment être plus heureuse ailleurs, je te promets solennellement de te laisser aller. »

Ainsi donc, Patou avait compris, durant son séjour dans l'arbre, que l'attachement n'était pas un gage du véritable amour, qu'il était même à l'opposé. Un amour où il n'y a pas de liberté, qui attache au lieu de délier, est un amour qui n'est pas encore arrivé à maturité.

Mila n'avait jamais vu, elle non plus, les choses sous cet angle. En entendant la déclaration émouvante de son amoureux, elle se blottit tendrement dans son chaud plumage. Pour la première fois peut-être, elle ressentit le profond amour dont Patou l'avait déjà entretenue et qui, selon ses dires, les unissait à jamais. Avec ce contrat tacite que leurs cœurs passaient alors, les tourterelles s'engageaient à toujours affronter à deux les tempêtes de la vie commune et à attendre sagement que le vent se calme pour prendre la route de la réconciliation. Levant la tête, Mila roucoula aux oreilles de son « grand » :

« Quand je disais que je voulais m'en aller, c'était une façon de t'exprimer que j'étais exténuée, que je désirais que tu t'occupes un peu plus de nos deux tourtereaux, et que tu me serres plus souvent dans tes ailes. Sache que je n'ai jamais eu le moindre désir de quitter ce nid merveilleux que nous avons bâti ensemble. Je te le dis en toute honnêteté, je t'aime moi aussi. Peut-être pas avec la même profondeur que toi, mais ça viendra avec le temps... »

Les oisillons sommeillaient depuis longtemps quand Mila et Patou se laissèrent glisser silencieusement au fond du nid. Ils s'aimèrent avec une telle intensité que leurs âmes se fusionnèrent... à jamais.

Le Grand Initié et le Sous-doué

Le Grand Initié et le Sous-doué

ans un petit village du sud de l'Inde vivait un grand Initié. Il était entouré d'une multitude de disciples, tous plus soumis les uns que les autres, fascinés qu'ils étaient par la sagesse légendaire de leur maître. Tous, sauf un jeune homme appelé Bhirna, un être quelque peu simplet, il faut bien le dire, qui était nouvellement arrivé à l'ashram. Venu d'on ne sait où, il avait demandé au grand Ichtar — c'était le nom du vénérable chef du groupe — de s'installer dans ce lieu saint et de profiter du savoir du maître et de son hospitalité durant un certain temps.

Beaucoup plus par pitié que par intérêt, l'Initié l'accueillit dans ses rangs, mais à la condition qu'il participe à tous ses enseignements et qu'il accomplisse sans broncher toutes les tâches qui lui seraient demandées durant son séjour, même les plus ingrates. « Marché conclu », lança Bhirna sans sourciller. Et il se mit au service du maître sans plus de préambules.

Ichtar « le magnifique », comme certains de ses admirateurs se plaisaient à l'appeler, avait grandi dans un monde où la connaissance spirituelle avait toujours été mise au premier plan. Il avait d'ailleurs côtoyé les plus illustres gurus des Indes et avait été personnellement initié par chacun d'eux. Maître parmi les maîtres, cet homme avait une érudition sans borne. On prétend même qu'il pouvait pratiquement réciter par cœur tous les versets de la Bhagavad-Gita, de la Torah, du Coran et de la Bible. Rien ne lui échappait dans ces écrits sacrés. Quant à la spiritualité en général, il avait réponse à tout. Certains adeptes allaient même jusqu'à comparer son savoir à une plage sans fin dont le Grand Initié connaîtrait personnellement et dans toute son essence chaque grain de sable. C'est pourquoi, chaque fois qu'Ichtar ouvrait la bouche, ses disciples avides de savoir l'écoutaient attentivement, pour ne pas perdre une seule parcelle de l'enseignement qui passait par ce roi incontestable de la connaissance.

Tous ses disciples, sauf un, le jeune Bhirna. Celui-ci, même s'il était présent à chaque enseignement initiatique, semblait toujours un peu — pour ne pas dire complètement — perdu dans ce monde où les savoirs intellectuel et spirituel se côtoyaient constamment. Ses confrères l'avaient d'ailleurs surnommé, bien amicalement, le « sous-doué »; car, malgré ses louables efforts, il ne pouvait cacher son désintéressement pour les enseignements du maître. Il ne semblait vraiment pas conscient de la chance qu'il avait d'avoir, dans un premier temps, été admis sous le même toit qu'Ichtar et, ensuite, de pouvoir vivre auprès du Grand Initié en personne.

Bhirna avait, par contre, deux qualités incontestables qui étaient reconnues de tous: une bonté sans limite et une extraordinaire joie de vivre. C'est d'ailleurs ce qui avait charmé ses co-disciples et qui avait contrebalancé son manque d'intérêt flagrant pour le savoir universel dispensé par le maître des lieux. Même si le sac de connaissances de Bhirna semblait bien léger, comparé à celui d'Ichtar, cela ne semblait pourtant pas l'attrister une seule seconde, contrairement aux autres élèves, qui ne cessaient de se dévaloriser et de confesser leur étroitesse d'esprit.

Des mois passèrent, au cours desquels Ichtar continua à briller par l'étendue de son intelligence universelle et à faire passer de multiples initiations aux plus brillants de ses disciples. Tant et si bien que tous finirent par être élevés au rang de *swami*. Il s'agissait d'un niveau de conscience supérieur, au seuil duquel chacun recevait son nom d'initié, une dénomination sacrée que seul Ichtar pouvait leur conférer. Cette ultime reconnaissance de leur

savoir par le maître était le couronnement de nombreuses années d'études intensives.

Tous finirent donc par être initiés, sauf, vous
vous en doutez bien, ce cher Bhirna, qui échoua
lamentablement à tous les examens que le grand
Ichtar soumettait régulièrement et personnellement
à chacun des aspirants au titre de *swami*. Le seul
nom d'office que Bhirna ait jamais pu porter dans
sa vie — et qu'il porterait probablement toujours
— était celui de « sous-doué ». Il en riait d'ailleurs
constamment et spontanément, car il avait un sens
de l'humour incomparable.

Le soir même des cérémonies entourant l'initiation finale des derniers soupirants, une catastrophe vint bouleverser le cours des événements.
Le maître exerçait son emprise sur bien des choses, mais pas sur la nature. Un violent tremblement de terre secoua soudain le petit village, et
tous ses habitants furent engloutis d'un seul coup
dans les entrailles de la terre. Ichtar périt en même
temps que tous ses disciples et que le jeune Bhirna,
sans que personne ait eu le temps de comprendre
ce qui se passait. Ichtar se retrouva donc dans l'au-
delà en compagnie de toutes ces âmes en peine
dont la plupart ne savaient même pas qu'elles
étaient mortes. En grand maître qui se respecte, il
ne céda pas à la panique et fit rapidement le tour
de ses disciples. Il leur expliqua les uns après les
autres la terrible situation qui était la leur et les
enjoignit de le suivre calmement jusqu'aux portes

du paradis. Tous obtempérèrent. Tous, sauf un... vous devinez qui, n'est-ce pas? Eh oui! Bhirna manquait toujours à l'appel, comme d'habitude. Personne ne l'avait aperçu depuis que la terre s'était ouverte sous leurs pieds.

Ichtar abandonna vite ses recherches et ne se soucia pas outre mesure de retrouver le sous-doué, car il était bien évident que, de toute façon, celui-ci n'aurait jamais pu s'élever avec eux, à cause de son manque d'érudition et d'évolution.

« Allez récupérer vos connaissances et suivez-moi », lança finalement le Grand Initié aux âmes qui, même dans l'au-delà, continuaient à être attachées aveuglément à lui.

Chacun des disciples plaça donc son baluchon de savoir sur son dos et amorça son ascension.

« La terre n'étant plus notre lot, il valait mieux la quitter sans regret », avait expliqué le sage. Ichtar, comme d'habitude, se plaça en tête de l'expédition, traînant avec peine le gigantesque sac des connaissances qu'il avait accumulées toute sa vie durant. Chaque mètre d'élévation lui demandait un effort titanesque, car il croulait sous son fardeau. Il dut vite s'arrêter pour reposer son âme à bout de souffle...

Ses disciples les plus fidèles, dont le baluchon était beaucoup plus léger, le prirent alors sous les bras et l'aidèrent à poursuivre son ascension. Mais ils s'épuisèrent à leur tour et s'effondrèrent. Il devint clair, pour la majorité d'entre eux, qu'ils ne pourraient se rendre aux portes du paradis qu'à condition d'alléger quelque peu leur fardeau, ce que firent la plupart, en désespoir de cause.

Les disciples qui avaient été initiés quelques jours plus tôt n'eurent aucune difficulté à jeter par-dessus bord leur excès de connaissances, et ils furent aussitôt aspirés vers le ciel. C'était cependant une tout autre histoire pour les élèves les plus anciens ainsi que pour leur vénéré maître Ichtar. Ils étaient tellement attachés à leur savoir qu'ils ne pouvaient se résoudre à l'abandonner sur place. Ils réagissaient comme des avares embarqués sur un navire et placés devant l'irrémédiable éventualité de jeter leur or à la mer afin de délester le vaisseau.

Peu à peu, tous les disciples d'Ichtar sans exception finirent par lâcher leur baluchon, et ils s'élevèrent aussitôt en un tournemain. Le seul qui résista fut le Grand Initié lui-même, qui voyait difficilement comment il pourrait se détacher de toute une vie de recherche et d'élévation spirituelle. Tel un capitaine en détresse au cœur d'un océan en furie, il décida qu'il allait couler avec son navire plutôt que de lâcher la barre.

Il était désormais seul dans ce monde de l'âme qu'il avait appris à connaître lors de son incarnation sur la terre. Ainsi délaissé par les déserteurs à qui il avait pourtant consacré toute sa vie et qu'il avait guidés durant la totalité de ses années d'enseignement, il fit une chose qu'il n'avait jamais osé faire auparavant, à cause de son statut de grand initié et de maître absolu des émotions humaines. Il pleura à chaudes larmes et se laissa envelopper dans une grisaille morose qui semblait vouloir se refermer sur lui pour l'éternité. Il ferma définitivement les yeux sur la vie qui s'échappait de lui goutte à goutte, en s'agrippant désespérément à tout ce qui lui restait de son expérience terrestre: son immense et de plus en plus ridicule sac de connaissances qui, ironiquement, était en train de causer sa perte. Tant et si bien qu'il n'aperçut pas la minuscule âme qui venait vers lui, en provenance des confins supérieurs de l'au-delà lumineux.

« Hum! Hum! toussota l'âme, tu ne vas pas rester ici? »

Ichtar sursauta en entendant cette voix familière. Levant ses yeux rougis vers l'intrus qui l'apostrophait ainsi, il aperçut son « sous-doué ». Celui-ci flottait à quelques mètres de lui et lui tendait gentiment la main, comme une mère qui aide son enfant à se relever.

« Ah! te voilà! fit Ichtar, encore abasourdi par cette surprenante apparition. Pauvre toi! Tu viens juste de quitter la terre, c'est ça?

— Mais non! rétorqua Bhirna, un sourire accroché à l'âme. J'arrive directement d'en-haut. J'ai eu l'agréable tâche d'accueillir tous tes disciples aux portes du paradis. Les derniers arrivés, tes plus fidèles dévots, m'ont alors dit que tu traînais de la patte par ici. Alors je viens à ta rescousse. C'est normal, non? C'est à moi de t'aider maintenant!

— Tu veux rire, répliqua, le plus sérieusement du monde, le Grand Initié, l'air sceptique. Essaies-tu de me dire que tu étais au paradis avant tout le monde? Pourtant, je t'ai cherché en vain après le terrible tremblement de terre qui nous a tous engloutis. Mais où étais-tu donc passé? Dis-moi la vérité.

— Tu ne me croiras peut-être pas, Ichtar, mais alors que toi et ta bande me cherchiez en bas, je me trouvais déjà au paradis. Tu sais, quand on voyage léger, on prend énormément de vitesse. Je suis sûr que tu commences à comprendre cela maintenant... »

Ichtar fronça les sourcils, mais il parvint tout de même à esquisser un léger sourire d'approbation. Ah sourire! Cela ne lui était pas arrivé souvent ces derniers temps, toujours à cause de son rôle de maître sans peur et sans reproche, un rôle dont il avait d'ailleurs beaucoup de peine à se détacher.

« Il ne te reste plus qu'à abandonner ici même ton excès de bagages et à me suivre, cher Ichtar, suggéra la petite âme sur un ton rigolo afin de dédramatiser la situation. Tu sais, une fois qu'on est rendu là-haut, seul ce que l'on a dans le cœur a de l'importance. Le reste, ce qui a été appris mais n'a pas été expérimenté, devient réellement inutile. Sois assuré que tu auras de nouveau l'occasion de revenir sur la terre pour jouer au maître, mais, pour l'instant, c'est ter-mi-né!

« Le rideau est tombé, Ichtar, poursuivit Bhirna, et je peux t'assurer que tu as joué parfaitement ton rôle. La preuve? Tous tes disciples sont arrivés à destination sains et saufs. Ils baignent tous dans la lumière au moment où je te parle. Je les ai tous vus, tu peux me croire. Dès qu'ils ont pu se détacher des enseignements qui ne faisaient pas encore vibrer leur cœur, l'amour qu'ils ont développé à ton contact leur a permis de s'envoler vers Dieu. Je t'en conjure Ichtar, enchaîna Bhirna sur un ton plus solennel, sache que c'est à ton tour maintenant d'abandonner les connaissances qui ont souvent nourri ton mental au détriment de ton cœur. Tu ne peux les emporter dans le monde merveilleux de l'amour et de la simplicité où tu es appelé à t'installer, et attendu aussi.

— Tu veux dire, cher sous-dou... oh! pardon, Bhirna, que j'ai passé toute ma vie à apprendre le fonctionnement de l'univers, à recevoir les initiations des mains des plus grands maîtres et à initier les autres à mon tour, tout cela en pure perte?

— Mais non, rétorqua aussitôt l'âme joyeuse, tu te devais de le faire, mais là n'était pas ton but ultime.

— Quel était ce but alors? lança Ichtar, irrité devant tout ce mystère.

— Ton objectif, reprit rapidement Bhirna, était en premier lieu de jouer ton rôle de maître à la perfection. La connaissance acquise puis distribuée faisait partie de ce contrat sacré. Mais la plus haute initiation que tu devais atteindre, celle réservée aux plus grands maîtres de la terre, consistait à ne pas t'attacher à cette sagesse. Tu étais l'un des privilégiés qui avaient comme mission de traverser le dernier voile.

— J'ai donc échoué? laissa échapper le maître déchu.

— L'échec n'existe pas dans l'univers, répondit Bhirna. N'est-ce pas ce que tu t'es entêté à enseigner à tes disciples durant toutes ces années? »

Ichtar acquiesça. Il avait en effet continuellement répété que tout, dans la vie, n'était qu'expérience, que les gens qui échouaient étaient simplement des personnes qui s'étaient arrêtées en chemin, ce qu'il était en train de faire à son tour sans s'en rendre compte...

« Il te reste donc une dernière chance, conclut l'ex-sous-doué. Choisis la voie du cœur et suis-moi. Sinon, et je respecterai ta décision, tu resteras ici avec ton encombrant baluchon de connaissances. Et un jour, on viendra te chercher pour que tu recommences ton initiation ultime. »

Ichtar réfléchit un instant et puisa soudainement dans le bagage d'amour qu'il avait reçu des autres et caché sous sa carapace de maître durant ses années d'enseignement. Desserrant lentement ses doigts rougis par l'effort, il abandonna son énorme sac, qui s'en alla choir sur la terre, où son contenu entier se dispersa sur toute la surface. Rien n'était perdu, tout serait seulement redistribué. Chaque parcelle de connaissances allait en effet être récupérée par les autres maîtres déjà en cheminement.

Ichtar compléta ainsi son détachement libérateur. Ensuite, son réflexe de guide le poussa à s'installer devant le pire disciple qu'il ait jamais eu, mais il se ravisa rapidement et alla se placer derrière.

« Allez, passe devant, lança l'âme allégée, ça fait tellement longtemps que je n'ai pas suivi un maître. Et dire que c'était toi... »

La Voie du Bonheur
du vieux Victor

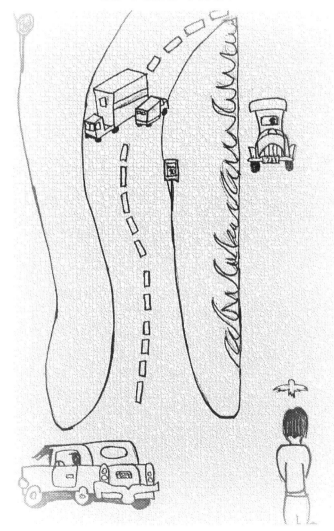

La Voie du Bonheur du vieux Victor

ictor était un homme d'âge mûr qui jouissait d'une étonnante réputation de sagesse. Toute sa vie avait été meublée d'interminables recherches sur lui-même et sur les moyens à prendre pour parvenir à un bonheur constant. Sa détermination avait porté fruit, car il avait atteint une remarquable sérénité que certaines personnes dans son entourage lui enviaient presque. Il était surtout reconnu dans tout le pays pour ce don inné qu'il avait de tirer des leçons positives de chaque événement, quelque négatif qu'ils pût paraître au premier abord.

Victor était en fait un grand bâtisseur de routes, autant intérieure qu'extérieure, il faut bien le dire. Son travail d'ingénieur l'avait en effet amené à élaborer un vaste réseau routier à l'échelle nationale. Il avait d'ailleurs consacré la majeure partie de sa vie professionnelle à ce gigantesque projet.

Maintenant que l'heure de la retraite avait sonné et que le réseau avait été parachevé, il se promettait bien de savourer pleinement sa victoire et de jouir paisiblement de son labeur en contemplant son œuvre enfin terminée. Mais Dieu ne voyait pas les choses ainsi. Il avait un autre projet de taille pour son fidèle chercheur de vérité, et il ne tarda pas à lui en faire part...

Une nuit où Victor était plongé dans un sommeil particulièrement profond, il fit un songe étonnant. Le Créateur lui était alors apparu sous la forme d'une colombe. Dans son bec se trouvait un message lui enjoignant de construire une nouvelle route à travers le pays. Mais cette route devait être large et droite, à l'image de la voie du bonheur qu'il s'était lui-même bâtie durant ces cinquante dernières années. Le messager divin apportait également une seconde note où on pouvait lire ceci: « Il est temps que tu montres aux gens de ton pays où se trouve ta vérité et que tu leur traces une voie rapide afin qu'ils puissent s'y rendent à leur tour. »

Cette phrase avait retenti dans la tête de Victor comme une explosion de joie. Il se réveilla en sursaut et sentit monter en lui une sève d'énergie comparable à ce qu'il avait ressenti à l'aube de ses vingt ans. On lui avait alors présenté pour la première fois ce projet captivant de réseau routier qu'il avait ensuite réalisé avec tant d'amour. Il devint évident pour le vieil homme qu'il était main-

tenant grand temps de partager avec ses concitoyens les perles de sagesse qu'il avait reçues toute
sa vie durant. Il devait enfin leur montrer la vérité
à laquelle il avait dorénavant accès et qui lui
apportait tant de bonheur.

Il était bien conscient que s'il mourait avec toute
la sagesse qu'il avait accumulée graine par graine
au long de ses nombreuses années de recherche,
personne ne pourrait en profiter, et ce serait dommage.

« Oui, mon Dieu! lança-t-il sans ambages, si tu
le désires, je me remets à l'œuvre tout de suite.
Fournis-moi les moyens nécessaires pour mener
Ton projet à terme et je demeurerai Ton humble
et fidèle serviteur, je Te le promets. Je m'engage à
construire cette voie du bonheur qui traversera le
pays sur toute sa longueur. Cela ne devra faire que
des heureux puisqu'elle sera assez droite et large
pour que tous puissent la suivre aisément et à
grande vitesse. »

Quelques heures plus tard, Victor s'était mis
au travail et avait déjà tracé les lignes maîtresse de
son plan. Dieu aussi tint parole. Miraculeusement,
il mit à la disposition de l'ingénieur des routes tous
les moyens pour qu'il puisse entreprendre son projet dans les plus bref délais. C'était, et de loin, le
travail le plus motivant que Victor ait jamais eu à
exécuter. Il était en effet profondément convaincu
qu'il s'agissait là d'une bonne cause. Sa voie du

bonheur pourrait être parcourue quotidiennement par tous les habitants du pays, et de façon tout à fait sécuritaire, parce quelle serait droite et simple, deux qualités qu'il avait lui-même acquises avec l'expérience. De plus, il n'avait prévu aucune limite de vitesse sur sa route, car tout comme lui, ses usagers feraient preuve d'une grande maturité et d'un respect inconditionnel envers les autres.

Bien sûr, Victor s'attendait à croiser d'autres routes, de celles qu'il avait lui-même construites durant son dernier mandat, mais il n'était pas question de les contourner. Sa voie du bonheur allait être parfaitement droite et ne comporter aucune déviation et aucun détour. Pour ce faire, des plans de ponts et de tunnels furent savamment élaborés pour que soit mené à bien ce projet qui allait durer cinq longues et épuisantes années. Des années de bonheur, certes, mais aussi, il faut bien le dire, de pénible labeur.

Le vieil homme y mit tout son cœur et toutes ses forces, convaincu, à tort peut-être, qu'il allait enfin réussir à changer la face de cette terre qui l'avait vu naître et grandir. Cette route de la sagesse, c'était son testament, l'héritage qu'il allait léguer à ses frères et sœurs, la voie de son propre bonheur. Son âme tint le coup, mais son corps ne put en faire autant. Une fois achevé le dernier kilomètre de route, Victor fut terrassé par une sournoise maladie. Il resta cloué sur son lit durant de longs mois, ce qui l'obligea à délaisser sa voie du bonheur. Il demeura inconscient pendant tout ce temps, après quoi, il recouvra peu à peu la santé.

Arriva alors le jour tant attendu où il put retourner chez lui. Il dut cependant le faire par la voie des airs, car il n'aurait pu surmonter la fatigue que comporterait un long trajet en automobile. Il se disait qu'il allait enfin pouvoir contempler son œuvre *de visu*, et admirer dans son ensemble cette voie du bonheur où devaient sûrement se balader une multitude de gens heureux. Mais une surprise de taille attendait notre bon vieux Victor.

Son avion survola, tel que prévu, la merveilleuse route qu'il avait mis tant d'années à construire et qui lui avait presque coûté la vie. Mais quel ne fut pas son étonnement de constater qu'elle était pratiquement déserte! Bien sûr, quelques véhicules y circulaient, dans un sens comme dans l'autre, mais jamais sur toute sa longueur, ainsi qu'il l'avait pourtant souhaité. Certains voyageurs empruntaient en effet cette voie de la simplicité proposée par Victor, mais sur quelques kilomètres seulement. En général, ils se contentaient des routes secondaires et sinueuses, qui semblaient répondre davantage à leurs besoins.

Du haut des airs, Victor n'en revenait pas de voir que sa magnifique route était désertée ou tout simplement ignorée, cette route qu'il avait pourtant construite avec tant d'amour et à la sueur de son front. Des larmes amères inondèrent alors son visage. Des milliers d'autres routes, dont la sienne, défilaient sous lui, s'entrecroisant et sillonnant la surface de son cher pays. Peut-être que, trop imbu de sa sagesse, il s'était laissé prendre à l'illusion de croire que seule SA route pouvait mener les gens au bonheur.

Mais ce n'était apparemment pas le cas, il s'en rendait bien compte maintenant. Car chaque route, secondaire ou principale, était parcourue par des dizaines de voitures qui circulaient toutes à des vitesses différentes. Et chaque véhicule était piloté par un conducteur unique, qui avait choisi sa destination selon un itinéraire précis, adapté à ses besoins, et non à ceux de Victor.

Le vieil homme demeura songeur le reste du vol. Il y avait là un message important à comprendre, il en était bien conscient. Car il n'avait pas vécu ces cinq dernières années de labeur pour rien. Comme lors de ses accès antérieurs de désespoir, il demanda avec insistance l'aide de son Grand Patron. Ce dernier se manifesta aussitôt par l'intermédiaire du pilote, qui dit tout bonnement à son passager:

« Elle est bien belle, votre voie du bonheur, Monsieur Victor! J'aimerais moi-même pouvoir y circuler plus souvent, mais elle ne mène pas toujours aux endroits où je veux me rendre. À mon avis, chaque personne devrait construire sa propre voie du bonheur. La vôtre a beau être plane, large et accessible, elle ne convient pas nécessairement à tous, et c'est là le problème. Certaines personnes préfèrent emprunter des routes sinueuses, remplies de détours et jalonnées de souffrances. C'est leur choix, et personne, sauf elles-mêmes, ne peut y changer quoi que ce soit. Chaque homme détient sa propre vérité, celle qui lui permet d'atteindre ses buts personnels et, selon moi, cette vérité n'est pas la même de l'un à l'autre. »

En écoutant ce sage qui s'ignorait probablement, Victor se rendit compte qu'il avait, lui aussi, cru un moment détenir La Vérité, que sa voie était LA voie. Il jeta alors un dernier regard en bas avant que l'avion atterrisse. Chaque automobiliste s'en allait en effet dans la direction qu'il avait choisie, à la vitesse qui lui plaisait et par la route qui lui convenait le mieux, et chacun se dirigeait vers sa maison, vers son unique vérité. Tenter de le détourner de sa destination serait un manque évident de respect envers son âme, qui savait pertinemment quel chemin de vie il lui fallait suivre.

« Toutes les routes ne sont-elles pas bonnes? questionna le pilote, sans pour autant attendre de réponse. Il s'agit simplement de bien choisir sa destination ainsi que l'itinéraire qui nous convient le mieux. Le reste se fait tout seul, aussi longtemps que l'on maintient son véhicule en bon état de marche. »

Le pilote était tout surpris de s'entendre parler ainsi. Mais, en voyant qu'il avait réussi à faire s'illuminer la figure triste de son passager, il conclut son intervention par un puissant éclat de rire.

Le vieux constructeur de routes termina sa vie dans une jolie maison sise aux abords de sa voie du bonheur. Du matin au soir, il saluait les gens qui empruntaient cette route sur quelques kilomètres. Parfois, certains s'arrêtaient pour lui parler. Il leur enjoignait alors de trouver leur propre voie le plus tôt possible, puis d'y circuler en toute liberté, en évitant le piège dans lequel il était jadis tombé alors qu'il croyait que le bonheur était le même pour tous.

Une nuit de pleine lune, Victor reçut une seconde fois la visite de la colombe voyageuse. L'oiseau avait encore dans le bec un message du Grand Patron. Celui-ci lui annonçait qu'il avait encore un nouveau projet grandiose pour lui, une autre route magnifique à construire, mais celle-ci serait infiniment plus longue et plus large que la dernière. Le vieil homme accepta le mandat divin et s'éteignit au moment où le soleil balayait sa route de ses premiers rayons. Il s'éveilla sur son nouveau chantier...

Victor se trouve quelque part dans l'univers, personne ne saurait dire où. Mais une chose est certaine, c'est qu'il continue à apprendre en construisant sa propre vérité, peut-être une nouvelle voie lactée, qui sait?

La Légende de Filo, le Mouton noir insoumis

La Légende de Filo, le Mouton noir insoumis

oute bergerie qui se respecte comporte un mouton noir, et celle-ci n'était pas différente des autres. Le mouton noir dont il est ici question n'était pas si particulier à cause de sa couleur que par ses façons dissidentes d'agir. Il s'appelait Filo et avait une multitude de frères et sœurs. Ces derniers, contrairement à lui, suivaient docilement et avec une extrême rigueur les ordres de leur père, un bélier coriace et autoritaire qui n'avait d'ailleurs jamais démontré la moindre trace d'émotion devant ses congénères. Sauf une, la colère, et ça, il en était plein, le pauvre, au désespoir de son entourage qui subissait régulièrement son courroux.

Tous les membres de la famille avaient vite compris que l'autorité paternelle revêtait une importance primordiale, une valeur qui devait être respectée coûte que coûte, sous peine de violents coups de sabots ou de bêlements humiliants et très désagréables.

Dès sa plus tendre enfance, Filo avait reçu ses premières leçons concernant le respect de l'autorité. Son tempérament de mouton noir le portait en effet tout naturellement à quitter les rangs pour aller brouter l'herbe fraîche dans les champs voisins. Son implacable bélier de père à la toison épaisse avait tôt fait de rappliquer. Il le ramenait alors au bercail en l'abreuvant d'injures et en lui assénant de douloureux coups de cornes sur l'arrière-train. Chaque escapade du petit rebelle entraînait invariablement la répétition du même scénario. Sous le regard ahuri du reste de la famille, Filo était brutalement éconduit par son paternel et relégué dans un recoin perdu de la bergerie.

Il subissait ainsi de multiples remontrances qu'il ne comprenait même pas, à cause de son jeune âge et de son innocence, et de douloureuses raclées dont il ne saisissait pas non plus le sens. C'est alors que le petit agneau se voyait confiné, plusieurs jours durant, dans un caveau abandonné.

Il avait beau bêler de toutes ses forces, appeler à l'aide de quelque manière que ce soit, c'était peine perdue. De toute façon, personne n'aurait jamais osé braver l'autorité du grand bélier en allant prêter main-forte à l'insoumis. Toute intervention était donc chose impossible, qu'elle fût le fait de l'un de ses frères ou de l'une de ses sœurs, et encore moins de sa tendre mère. Celle-ci regardait la scène du coin de l'œil en pleurant sur son impuissance et en priant Dieu pour qu'Il fasse cesser cette injustice au plus tôt.

Ah sa mère! Comme Filo lui en voulait! Nullement parce qu'elle n'était pas gentille avec lui, bien au contraire, mais n'aurait-elle pas dû tenter au moins d'intervenir en sa faveur? Mais non! Cette brebis résignée avait rapidement compris que la loi du silence était le meilleur bouclier dont elle pouvait se prémunir contre les sautes d'humeur de son conjoint de bélier. Elle ne pouvait cependant s'empêcher d'aimer quand même son compagnon, car elle connaissait sur son passé des choses qui, sans qu'elle veuille pour autant les excuser, pouvaient expliquer ses étonnants agissements présents. Elle avait toujours espoir que celui-ci change un jour, mais sa carapace de souffrance était trop épaisse et trop hermétique pour qu'un tel miracle se produise.

Filo fut donc élevé dans cette ambiance de soumission, à coups de sabots et de sévices divers. Car c'était plus fort que lui, son caractère de mouton noir le portait à toujours faire les choses qu'il ne fallait pas, et à se trouver toujours au mauvais endroit au mauvais moment.

Ainsi passa-t-il plus de temps à trembler de peur et à pleurer de rage dans le redoutable coin sombre de la bergerie qu'à brouter paisiblement avec ses frères et sœurs en espérant que la nature le dote, lui aussi, d'une épaisse et chaude toison de laine. De là son allure maladive qui, il faut bien le dire, lui donnait une vilaine apparence chétive.

Pourquoi n'était-il pas docile comme les autres? Qu'était-il venu faire dans cette famille de moutons sans épine dorsale, incapables de s'affirmer? Autant de questions qui fusaient dans sa tête durant ses longues heures de réclusion et pour lesquelles il ne trouvait pas de réponse.

Rongée par le remords et la culpabilité, sa mère mourut alors que Filo n'avait pas encore atteint l'âge adulte. Il n'avait pu lui dire qu'au fond de son cœur, il l'aimait, bien qu'elle n'ait jamais eu le courage de lever le moindre petit sabot pour le défendre. Cette perte, quoique importante, ne changea pourtant rien au régime de terreur qui prévalait au sein de la famille et qui se perpétua de plus belle dans la bergerie.

Filo se résigna peu à peu et accepta par la force des choses son état différent des autres. Mais il ne cessa jamais d'être lui-même pour autant et il continua à multiplier les manquements à la loi du grand bélier. Durant ses nombreux séjours dans la sombre prison, il se mit à entretenir une haine de plus en plus féroce envers son paternel. D'horribles scénarios de vengeance s'échafaudaient inlassablement dans sa tête de mouton noir insoumis. Il savait qu'un jour, du moins il l'espérait, il pourrait mettre lui-même son histoire en scène et, pourquoi pas, en savourer l'exécution. Ce qui ne tarda pas à se produire, mais pas comme il l'avait imaginé...

Un soir de pleine lune, une période où les carnassiers sont davantage aux aguets d'une proie facile, le bélier avait mis ses agneaux à l'abri dans un coin caché de la bergerie. Le loup rôdait, et le bélier avait pressenti le danger. Filo, qui se tenait à l'écart comme d'habitude, regardait la scène avec indifférence. Ayant été laissé à lui-même très jeune, il avait, par la force des choses, développé un sixième sens qui l'informait toujours du danger à venir. Et, en cet instant précis, il sentait l'odeur de la mort, pas la sienne, mais celle de son bourreau de père. *Enfin!* ne put-il s'empêcher de se dire, *je vais assister au plus merveilleux spectacle de ma vie.*

À l'instant même où cette sinistre pensée prenait naissance en lui, un événement inattendu se produisit. Une brebis toute mignonne apparut à ses côtés, auréolée d'un nimbe de lumière et de paix.

« Bonjour mon petit, dit l'apparition dont la voix n'était pas inconnue à Filo. Je suis ta mère, tu te souviens? Celle-là même que tu as tant aimée, et jugée aussi, ajouta-t-elle sans la moindre trace de reproche. Je viens chercher ton père, car, comme tu l'as si bien pressenti tout à l'heure, son séjour terrestre est sur le point de se terminer. »

Filo resta bouche bée, incapable de cacher sa surprise devant cette vision aveuglante, quoique rassurante. Il ne put non plus retenir un certain sourire en entendant la confirmation de l'événement tragique qu'il souhaitait voir se produire depuis si longtemps.

Sentant bien que l'ombre de la vengeance commençait à envelopper son fils, la belle brebis de lumière reprit rapidement:

« Tut! Tut! Ne te réjouis pas trop vite de la mort prochaine de ton père. Je dois d'abord te révéler quelque chose, après quoi tu décideras de l'attitude que tu dois prendre. D'accord? Sache en premier lieu que ton père t'aime plus que tu le crois, mais il l'a toujours fait à sa façon, c'est tout. »

Filo sursauta presque de colère. Ces paroles étaient pour lui complètement vides de sens. Comment pouvait-on aimer quelqu'un et le battre en même temps? Sottises!

« Ton père est un faible, comme le sien l'était aussi, s'empressa de préciser la brebis au sourire angélique. Comme toi, il a été battu par son propre père, et comme toi, il lui en a voulu à mort lui aussi. Ne crois-tu pas qu'il serait grand temps de briser cette chaîne au plus vite si tu ne veux pas que cette haine se perpétue chez tes propres enfants?

— Je veux bien, marmonna Filo avec une docilité qu'on ne lui connaissait pas. Mais comment faire? Cela me paraît absolument impossible.

— Tout d'abord, expliqua la brebis, tu dois accepter simplement de m'écouter, puis tenter, du mieux que tu peux, de chausser les sabots de ton père, ne serait-ce que durant quelques instants. Comme il n'a jamais reçu d'amour de son propre père, il lui est très difficile, sinon impossible, d'en donner à ses enfants. Il ne sait simplement pas comment faire. Il voulait sincèrement que tu deviennes fort, afin que tu puisses lui succéder un jour. Son père lui ayant enseigné la seule vérité qu'il connaissait, il a cru, comme lui, que la discipline était l'unique chemin de la réussite.

« Comme tu étais le plus indiscipliné de tous, il t'aimait doublement pour cette force de caractère dont tu faisais preuve et qu'il enviait par moments. Il a donc tout mis en œuvre pour te former comme il l'avait été lui-même. Cher Filo, tu serais certainement surpris d'apprendre que pas un soir ne se passait sans que ton père ne me parle des espoirs qu'il fondait sur toi si tu parvenais à devenir un jour maître de ta vie. »

Filo était médusé. La façon dont sa mère lui dépeignait celui qu'il avait tant détesté pour son intransigeance à son égard lui donnait une toute nouvelle vision des choses pendant que, de son côté, le loup s'apprêtait à se lancer sur cette proie facile qui, malgré son air frondeur, tremblait de tout son corps.

« Mais, maman, rétorqua Filo, j'ai peine à croire que papa m'aimait plus que tout au monde. Est-ce vraiment ce que tu voulais me dire?

— Exactement, cher petit, confirma la brebis. Et sa façon de te prodiguer cet amour était d'agir durement avec toi, en sachant pertinemment que tu le haïrais à cause de cela. Ce qu'il craignait par-dessus tout, c'est que tu hérites toi aussi de la faiblesse que lui avait léguée son propre père. Il t'a éduqué comme il l'avait été. Je te l'ai déjà dit, c'était la seule manière qu'il connaissait. Comment peut-on donner d'instinct ce qu'on n'a pas reçu au préalable? C'est pourquoi je t'exhorte à réagir dès maintenant. Cesse d'alimenter cette haine viscérale que tu entretiens depuis déjà trop longtemps.

« Laisse-moi maintenant te poser une question cruciale Filo, poursuivit la brebis. En toute honnêteté, serais-tu le fier bélier que tu es en train de devenir si ton père n'avait pas agi avec toi comme il l'a fait? Sa fermeté et, malheureusement, sa violence n'ont-elles pas été les éléments majeurs qui t'ont permis de t'affirmer et de développer cette force de caractère qui t'habite aujourd'hui? Si tu n'avais pas choisi un tel père, serais-tu devenu l'être merveilleux que je vois aujourd'hui devant moi?

« Au risque de perdre l'estime de son fils, il a joué parfaitement son rôle, odieux j'en conviens, mais il est allé jusqu'au bout. À toi de faire de même si le cœur t'en dit! Transforme cette haine que tu ressens en reconnaissance envers la vie. Arrête de te faire du mal en maudissant celui qui t'a ainsi obligé à te surpasser. Bénis-le plutôt, car ton ressentiment ne l'atteint pas; il ne fait que te détruire toi-même! C'est à toi seul que tu fais du mal en entretenant ces sentiments de rancœur... »

La petite brebis avait visé juste: la cible était atteinte. Elle n'avait pas sitôt fini sa phrase que Filo se précipitait à l'extérieur, soudainement animé d'une énergie qu'il n'avait jamais connue auparavant. Sa course effrénée le mena directement devant le loup, qui avait déjà les dents rougies du sang du bélier agonisant. Sans penser aux conséquences éventuelles de sa hardiesse, le mouton noir sauta impétueusement sur son adversaire. Surpris par l'audace du jeune animal devenu soudain prédateur, le loup demeura paralysé. Nourris par l'énergie de bravoure dégagée par le mouton en furie, les autre béliers du troupeau accoururent au secours du malheureux. En moins de deux, les coups de sabots se mirent à voler de partout. Devant cette résistance, à laquelle il ne s'était pas, mais pas du tout attendu, le loup s'enfuit à toutes jambes, abandonnant sa proie dont la vie ne tenait cependant qu'à un fil.

Sous les yeux attendris de ses frères et sœurs, Filo s'approcha du mourant dont les yeux étaient restés fixés sur son fils depuis le début du combat.

« Mon petit Filo, laissa-t-il glisser avec peine de sa gueule meurtrie, je crois avoir accompli ma mission. Te voilà maintenant prêt à prendre la relève. Pardonne-moi si je t'ai fait autant de mal, mais c'était la seule voie que je connaissais. Peut-être en découvriras-tu une autre avec tes propres enfants. Je te le souhaite... »

À peine eut-il le temps de terminer sa phrase que sa vie le quitta. Filo ne put s'empêcher de lui dire quand même qu'il l'aimait et, à mots à peine couverts, qu'il lui pardonnait. Le pardon n'était pas complet, certes, mais il était au moins amorcé.

Un nimbe lumineux en forme de brebis vint alors embraser le corps de lumière qui se détachait lentement de la dépouille du bélier. Puis, tout le troupeau put apercevoir les deux parents s'élever ensemble vers le ciel. Après quelques instants, ils disparurent et se retrouvèrent à l'arrière-scène où un autre vieux bélier, mort depuis longtemps, attendait son fils avec impatience...

Les Marionnettes de Papoushka

Les
Marionnettes
de Papoushka

n homme de théâtre réputé, dont le talent n'avait d'égal que la sagesse et l'extrême bonté, décida un jour de se lancer dans la fabrication de marionnettes et d'exploiter ensuite l'art de les animer sur une scène.

Cet être remarquable avait pour nom Papoushka, Papou pour les intimes. Comme il était doté d'un cœur rempli d'amour, vous vous doutez bien que toutes ses créations en devenaient automatiquement imprégnées. Ainsi naquirent de ses mains magiques deux petits chefs-d'œuvre de marionnettes, qui allaient très tôt devenir les enfants chéris de toute sa troupe. Il en nomma une Murki, celle qui représentait un petit garçon avec des yeux bleus rieurs, tandis que l'autre, une adorable fillette, fut baptisée Sarina.

Les deux marionnettes furent déposées dans le large coffre qui leur servait à la fois de maison et de véhicule de transport, car le théâtre de Papou voyageait constamment de ville en ville. À la manière de jumeaux identiques, elles se lièrent très rapidement d'amitié. Elles agissaient réellement comme frère et sœur, et cela se voyait dans leur jeu de scène. Elles s'amusaient follement chaque fois qu'elles montaient sur les planches.

Cette délicieuse complicité était d'ailleurs la raison pour laquelle Papoushka leur réservait les pièces les plus drôles de son répertoire, celles où le plaisir et la joie de vivre étaient omniprésents. Cette jeunesse de cœur qui les animait les rendait tout à fait irrésistibles, et les enfants ne pouvaient que s'émerveiller devant ces deux gais lurons si sympathiques.

Des années durant, Murki et Sarina firent ainsi rire des milliers d'enfants à travers tout le pays, toujours en s'amusant eux-mêmes — et c'était là leur secret. Ils se produisirent sur de nombreuses scènes, qui étaient réellement devenues le théâtre de leur vie.

Un jour, Papou décida qu'il était temps que ses deux adorables marionnettes expérimentent autre chose que la comédie. Il se disait que le jeu théâtral d'un acteur complet ne consiste pas seulement à faire rire les gens, mais aussi à éveiller d'autres émotions en eux, en leur permettant ainsi de réfléchir sur leur propre vie. Dans cette optique, il créa une nouvelle pièce où ses deux vedettes tenaient un rôle beaucoup plus sérieux que d'habitude.

Murki se vit alors dans l'obligation de jouer un personnage qui était l'ennemi juré de Sarina. Il dut même, à certains moments, lancer quelques injures à sa tendre partenaire. Il n'avait pas le choix, car Papoushka tenait les cordes attachées à ses membres, et c'est lui qui faisait passer sa voix à travers lui. Murki devait donc agir avec le plus de conviction possible s'il voulait que sa performance soit appréciée par un public avide d'action et qu'elle atteigne son but.

Le soir de la première, Murki fit preuve d'un remarquable professionnalisme. Il incarna si bien son détestable personnage que, au terme de la représentation, quand les deux figurines furent remisées dans le grand coffre, elles se mirent à se bouder obstinément. Elles n'arrivaient même pas à s'adresser la parole tellement elles étaient prises par leur rôle qui, pourtant, prenait fin avec la tombée du rideau.

Elles s'endormirent chacune de leur côté et ne retrouvèrent leur gaieté que le lendemain matin, quand la nuit eut fait son œuvre et qu'elles furent redevenues elles-mêmes. Mais, le soir suivant, le même manège se répéta, et les autres soirs aussi. Après chaque représentation, les deux amis avaient de plus en plus de peine à sortir de leur rôle et à reprendre leur véritable identité. Tant et si bien qu'au terme de la tournée, ils passèrent plusieurs jours sans se parler. Force leur fut de reconnaître leur impuissance à garder intacte une amitié qui s'effritait de jour en jour.

Un soir cependant, les événements tournèrent à la catastrophe. Murki, qui se sentait au sommet de sa forme, s'imprégna tellement du caractère de son personnage qu'il en rajouta malgré lui. À la grande surprise de sa compagne et au désarroi de Papou, qui perdit momentanément la maîtrise de sa marionnette, celle-ci assena quelques coups à Sarina. Sur ce, les ficelles se mélangèrent, et le spectacle dut être interrompu. Le marionnettiste garda son calme malgré tout. Puisant dans sa sagesse proverbiale où la panique était exclue, il remisa gentiment ses deux protégés dans leur coffre après avoir pris soin de réparer les dégâts. Il laissa ensuite le temps arranger les choses...

Sarina sanglota dans son coin toute la nuit, tandis que Murki, dévoré par le remords, ne réussit pas lui non plus à fermer l'œil un seul instant. Comment avait-il pu se laisser envahir par une aussi grande haine envers celle qui était depuis toujours sa complice et sa meilleure amie? *Quel gâchis!* se répétait-il en s'enfonçant de plus en plus dans les méandres d'une culpabilité malsaine.

Au petit matin, rongé par le chagrin, il s'approcha lentement de sa petite sœur et lui dit humblement:

« Je t'ai fait vraiment mal, hier, n'est-ce pas?

— Ah oui! tu peux le dire, sanglota la marionnette aux yeux rougis. Je ne t'ai jamais vu emporté par une telle haine. C'est comme si le personnage que tu incarnais s'était soudain rendu maître de toi. Quand tout cela s'arrêtera-t-il? »

La frêle Sarina se remit à pleurer de plus belle sous le regard impuissant et attendri de l'être que, malgré tout, elle aimait le plus au monde. De son côté, Papou avait réfléchi toute la nuit à la situation qui s'était déroulée la veille. En entendant les sanglots persistants qui émanaient du coffre, il en ouvrit le couvercle. Son sourire eut l'effet magique de mettre un baume sur le désespoir qui régnait à l'intérieur. Prenant les deux marionnettes dans ses bras, le vieux Papou les berça quelques instants avec cette tendresse qu'il savait si bien manifester dans les moments difficiles.

« Laissez-moi vous expliquer ce qui vous est arrivé, dit-il à ses protégés. Ce que vous venez de vivre, mes amours, est le lot de tous les humains sur terre. En effet, nous sommes confrontés à ce dilemme plus d'une fois durant notre vie, aussitôt que nous oublions qui nous sommes véritablement.

— Tu veux dire, soupira Murki, que tu as toi-même fait face à ce genre de situation auparavant?

— Bien sûr, acquiesça le vieil artiste, et pas seulement sur la scène, mais aussi dans ma propre vie. »

Étonnés par cet aveu venant d'un homme aussi sage que Papou, les deux personnages de bois redoublèrent d'attention en écoutant la suite des étranges révélations de leur maître sur la nature humaine.

« Au début de votre vie de marionnettes, expliqua leur créateur, votre jeu sur la scène était le même que celui que vous jouiez dans votre existence, vous vous souvenez? Vous vouliez seulement vous amuser et profiter intensément de chaque moment qui passait. Votre cœur d'enfant guidait alors tous vos actes, sur la scène comme dans le coffre.

« Puis, vous avez grandi, et je vous ai placés en situation d'affronter la vie avec vos yeux d'adulte. J'ai fait en sorte que vos rôles deviennent plus sérieux, plus intenses, afin que vous puissiez développer au maximum vos talents d'artiste, ce que vous avez fait avec un rare professionnalisme, et j'en suis très fier.

« Tant et si bien que vous avez graduellement oublié les merveilleux enfants que vous étiez. Ceux-ci se sont alors endormis en vous, pour laisser toute la place aux personnalités que vous deviez incarner sur la scène. Après les représentations, vous vous êtes mis à avoir de plus en plus de difficulté à vous détacher de votre rôle, oubliant peu à peu ce que vous étiez vraiment: de grands enfants rieurs incarnant des personnages.

« Hier soir, Murki, tu as donné la meilleure performance de ta vie, en jouant à la perfection ton rôle peu reluisant de méchant garnement. Quant à toi, Sarina, tu as aussi excellé dans la personnification que tu as faite de la parfaite victime incapable de réagir devant ce qui lui arrivait. Vous avez été impeccables tous les deux, mes amours. Mais le problème, c'est que vous n'avez pas su reprendre votre véritable identité après la chute du rideau.

— Mais que faut-il faire pour changer cela? questionna Sarina, qui avait cessé de pleurer depuis le début de cette explication pleine de bon sens.

— Efforcez-vous simplement de prendre conscience de votre attitude aussitôt que vous sortez de scène. Vous n'êtes jamais votre personnage; vous le jouez, c'est tout. Et cela doit demeurer seulement un jeu. En réalité, vous interprétez vos rôles pour vous améliorer vous-mêmes et pour permettre à ceux qui assistent à votre performance d'en faire autant. Quand le rideau tombe et que les lumières s'éteignent, cela signifie que le spectacle est terminé. Il est alors temps de reprendre votre véritable identité et de renouer avec votre cœur d'enfant. »

En entendant ces paroles de sagesse prononcées par leur maître et créateur, les deux marionnettes comprirent enfin dans quel terrible engrenage elles avaient été entraînées ces dernières semaines. D'un élan unanime, elles tombèrent dans les bras l'une de l'autre, au grand désarroi de Papou, qui fit en sorte que leurs cordes ne se mélangent pas trop, cette fois. Il attendit la fin des effusions pour conclure:

« Nous, les humains, avons souvent tendance à nous prendre pour le personnage que nous incarnons. Très peu parmi nous s'en aperçoivent assez rapidement pour éviter de tomber dans l'apitoiement sur soi, dans la détresse et dans la souffrance. Vous, mes petits, vous avez la chance d'être reliés à moi par des ficelles. Vous pouvez m'apercevoir en tout temps en levant simplement les yeux vers le ciel. Les humains n'ont pas cette magnifique possibilité, car leur créateur est invisible. De plus, il les commande de l'intérieur en les laissant libres d'aller où bon leur semble. Et, comble de malheur — ou de bonheur —, les hommes tirent leurs propres ficelles. Cette liberté est d'ailleurs leur plus beau cadeau; mais si elle est mal assumée, elle devient leur pire ennemi.

« Il arrive aussi que plusieurs acteurs de cette grande pièce de théâtre qu'est la vie oublient la présence du Grand Metteur en scène. Aveuglés par l'éclat du personnage qu'ils incarnent, ils se prennent parfois pour Lui. Il s'ensuit alors un véritable chaos, et la vie de ces gens perd peu à peu son sens, car le scénario original n'est pas respecté. »

Papou s'arrêta un instant, le temps de reprendre son souffle. Il en profita pour essuyer une larme qui roulait sur sa joue, après quoi il enchaîna:

« Si je vous ai créés, mes anges, c'est pour me rappeler de ne jamais perdre le contact avec mon propre Créateur. C'est aussi pour que Celui-ci puisse s'exprimer à travers vous, car vous êtes réellement mes enfants, et je vous aime comme je suis aimé. »

Pour la première fois depuis le début de leur courte existence, Murki et Sarina voyaient Papoushka mettre son âme à nu devant eux. Ils lui exprimèrent tout à tour leur gratitude, et terminèrent en lui faisant une dernière demande:

« Cher Papou, lancèrent-ils en rigolant comme aux premiers jours de leur création, serait-il possible qu'à l'avenir, nous ne jouions que dans des pièces drôles et que tu ne nous assignes que des rôles simples et dénués de toute agressivité? Sachant que cette dernière n'est pas nécessaire à notre

évolution, nous te promettons d'exceller doublement dans la joie de vivre, d'accord? »

Voyant que le message véhiculé par leurs dernières épreuves avait été bien assimilé, Papou
acquiesça à leur requête et leur promit de leur
assigner uniquement des rôles conformes à leurs
désirs.

Murki et Sarina se remirent à jouer sans plus
jamais se prendre au sérieux. Ils retrouvèrent ainsi
très rapidement la voie de la joie de vivre et s'aper-
çurent que c'était bel et bien pour y cheminer qu'ils
avaient été créés...

Le Bébé d'Émilie

Le Bébé d'Émilie

epuis sa plus tendre enfance, Émilie vivait en parfaite harmonie avec la nature. Cette communion avec sa Mère la Terre lui avait valu de recevoir très tôt le don de communiquer par la pensée avec le monde végétal. Chaque printemps était pour elle une période merveilleuse où elle se donnait entièrement pour faire les semailles. Mais cette année, elle décida que, pour une fois dans sa vie, elle allait faire quelque chose uniquement pour elle.

Émilie sema donc une graine qui serait appelée à devenir SA plante à elle toute seule. Ce serait sa propriété exclusive, et elle en aurait la garde complète. Elle la traiterait comme son propre enfant, ce qui comblerait l'extrême solitude dont elle souffrait depuis des années.

Ses efforts furent récompensés, et le petit grain d'amour qu'elle avait mis en terre sortit très rapidement du sol pour grandir ensuite à vue d'œil. Tant et si bien que, au bout de quelques semaines, la minuscule pousse du début était devenue une plante merveilleuse aux fleurs multicolores.

Émilie parlait constamment à son « bébé », qu'elle avait d'ailleurs baptisé Joannie, ce qui avait créé entre elles un lien encore plus intime. Son amour démesuré la porta à l'entourer continuellement de soins et à la déposer bien en vue sur la table de la cuisine, afin de l'avoir toujours sous les yeux.

La belle Émilie était mariée à un homme au caractère impétueux, parfois même violent, qui n'avait ni attirance ni respect pour les fleurs. Un soir, il entra en trombe dans la maison et, dans un irrépressible élan de colère, il agrippa la fragile Joannie et la précipita par terre. Il tourna ensuite les talons et disparut à jamais, au grand soulagement d'Émilie. Envahie par le désespoir, qui était jusque-là un sentiment inconnu d'elle, la frêle plante sans défense appela « sa mère » à la rescousse. Celle-ci arriva aussitôt, submergée par la culpabilité. Elle prit alors la décision qu'à partir de ce jour, elle ferait en sorte que plus rien n'atteigne sa protégée.

Elle remit donc la petite Joannie dans son pot de grès et l'entoura d'encore plus de soins que d'habitude, tout en veillant à lui apporter le réconfort nécessaire. Pour que la protection soit vraiment complète, elle la plaça finalement sous une cloche de verre, lui laissant juste assez d'air pour qu'elle puisse respirer.

Le « bébé » d'Émilie fut confortablement installé à proximité d'une fenêtre afin de pouvoir capter tous les rayons de soleil nécessaires à sa subsistance. La terre qui recevait ses racines était régulièrement nourrie et arrosée par la dévouée Émilie, qui lui avait juré protection jusqu'à la fin de ses jours...

Et c'est justement ce qui se passa, car la bonne dame mourut dans l'année qui suivit ce serment de fidélité. Elle laissa derrière elle toutes ses œuvres, en particulier sa splendide Joannie, qui se retrouvait soudainement seule et complètement démunie sous son étroite cloche de verre. Elle n'avait jamais imaginé qu'elle devrait un jour assumer seule sa survie. Sa mère l'avait tellement surprotégée qu'elle en avait perdu toute autonomie.

Seule et délaissée, Joannie connut, pour une seconde fois dans son existence, les affres engendrées par la peur. Ses racines manquèrent peu à peu d'eau et ses pétales se desséchèrent sous l'effet d'une exposition trop intense au soleil et à cause du manque d'air frais. Sa terre, qui avait l'habitude d'être engraissée quotidiennement, se mit à perdre ses propriétés nutritives. Le « bébé » d'Émilie se rendit alors compte comment l'amour excessif et protecteur de sa mère l'avait jusqu'alors limitée. Pourquoi la vieille dame n'avait-elle pas prévu que sa petite Joannie aurait un jour à se prendre en main et qu'elle devrait développer ses propres moyens de défense? Était-il possible qu'Émilie ait enfermé sa plante bien-aimée dans le même genre de carapace de protection dont elle s'était elle-même entourée durant toutes les années de malheur qu'elle avait connues avec son impitoyable mari? Qui sait?

Toutes ces questions trouvèrent leur résonance dans l'aura de la petite plante. Celle-ci voyait elle aussi sa fin venir, sans qu'elle pût rien y faire. Joannie n'avait jamais appris à réagir devant l'adversité, sa mère ayant toujours tout fait pour elle afin de lui éviter toute contrariété. Et voilà qu'elle subissait aujourd'hui les contrecoups de cette surprotection. Sentant sa mort imminente, Joannie abandonna la partie. Mais son histoire n'allait pas s'arrêter là, car la vie a toujours le dernier mot...

Au début de son mariage, Émilie avait eu une fille du nom de Marie. C'est elle qui hérita de tous ses biens, notamment de la maison, dont elle prit immédiatement possession. Ayant reçu elle aussi de sa mère le don de communiquer avec les fleurs, Marie ne tarda pas à entendre les cris de détresse de la malheureuse plante. Dès qu'elle aperçut Joannie, Marie s'exclama:

« Quelle façon bizarre de garder de si jolies fleurs! Tu ne dois pas pouvoir respirer sous cette cloche, ma vieille. »

Après avoir arrosé à profusion la plante desséchée et l'avoir réconfortée durant des heures comme l'aurait fait sa mère, Marie la délivra de sa prison de verre. Soulagée, Joannie se retrouva enfin à l'air libre. Mais, après un certain temps, cette liberté dont elle n'avait pas l'habitude, la rendit des plus craintives. Car elle se voyait maintenant vulnérable au moindre vent, et sensible à toutes les maladies susceptibles de profiter de sa faiblesse pour l'attaquer sournoisement... C'est ainsi en effet qu'Émilie lui avait toujours parlé des aléas du monde extérieur.

« Pas question que tu restes une minute de plus à sécher sous cette cloche! avait marmonné Marie en constatant le gâchis. Ça pouvait toujours aller quand tu étais petite, mais maintenant que tu es devenue adulte, ne crois-tu pas qu'il serait plus sage que tu apprennes à te défendre? Je vais te donner tous les soins et tout l'amour nécessaires à ta subsistance, mais, pour le reste, tu devras y mettre du tien. Et on va commencer tout de suite. »

Avec respect et délicatesse, Marie transporta la frêle Joannie à l'extérieur de la maison, l'exposant ainsi aux brises légères. Pour la première fois de la vie de la plante, ses feuilles vacillaient doucement au vent, qui les nettoyait en même temps de son souffle purificateur. Joannie ressentit, pendant quelques instants, un certain malaise monter dans sa tige. Mais réconfortée par l'amour qu'exprimait le regard complice de sa nouvelle mère, elle fut vite envahie par une énergie de renouveau. Faisant abstraction de tout ce qu'elle avait entendu de négatif depuis sa naissance à propos des multiples dangers du monde extérieur, elle redressa courageusement l'échine.

Elle se mit à respirer à pleine capacité tout cet air dont elle n'aurait jamais pu imaginer l'existence si elle était restée sous sa bulle protectrice. *Ah!* se dit-elle en captant par toutes les pores de son corps les odeurs exceptionnelles qui s'offraient à elle, *et si c'était ça, la vie! Explorer l'inconnu et abandonner peu à peu ses propres limitations, tourner le dos au confort de ses habitudes sécuritaires et lorgner du côté de l'inconnu, ne serait-ce que pour voir s'il existait autre chose à l'extérieur de la cloche de verre d'un amour un peu trop possessif.*

Durant les jours qui suivirent, les stages que fit Joannie au grand air passèrent de quelques minutes à plusieurs heures d'affilée. Elle apprit ainsi à apprivoiser sa liberté et à assumer sa survie. Elle pliait simplement l'échine lorsque des vents trop violents risquaient de la casser, et puis elle se relevait ensuite, chaque fois plus forte d'une compréhension plus approfondie des choses.

Elle était enfin devenue libre et entièrement responsable de son propre bonheur. Après avoir été douillettement élevée dans le confort de la soumission, elle entreprenait dorénavant une vie d'adulte qui était entourée du même amour, mais un amour se réalisant cette fois dans la libération.

Joannie produisit des graines qui furent un jour, à leur tour, transportées par le vent et dispersées dans les champs voisins. Et de ces graines naquit une multitude d'enfants libérés de toute limitation.

Le Royaume de la Rose

Le
Royaume
de la Rose

l était une fois un royaume où ne régnait que la pauvreté et où le laisser-aller était devenu une attitude presque courante. Depuis bien des années, comme si un sort avait été jeté par une quelconque sorcière habitée par la fainéantise, les gens de ce coin de pays avaient perdu le goût de travailler et ils s'étaient enlisés dans une incroyable paresse. Le brave roi qui gouvernait cette contrée avait pourtant un cœur d'or. Même qu'il avait pratiquement dilapidé toute sa fortune afin de venir en aide à ses sujets plongés dans la misère.

Un jour, entre autre, il avait pris l'initiative de donner des écus à quiconque en ferait la demande. Il espérait ainsi, bien naïvement, que les bénéficiaires de ses bonnes œuvres feraient vite fructifier leurs avoirs et qu'ils sortiraient enfin de leur dèche. Mais ce fut, hélas! peine perdue. Au grand désespoir du généreux donateur, l'argent, sitôt distribué, fut dilapidé en futilités et en petits luxes éphémères. Le royaume continua donc de s'appauvrir de jour en jour.

Déçu par l'échec de son ultime démarche, le roi sombra dans une profonde désespérance. Il se prépara à jeter la serviette et à quitter définitivement son château pour une contrée plus stimulante.

La reine, prénommée Marguerite, assistait impassiblement à ce déclin. Elle n'avait dit mot jusque-là pour ne pas déplaire à son époux, mais cette fois, elle lui proposa son aide, vu les circonstances. Le souverain n'avait jamais voulu que sa bien-aimée se mêle des affaires de l'État, mais comme il était acculé au pied du mur, il n'avait pas vraiment le choix.

« Je ne t'ai jamais conseillé auparavant, dit avec assurance la reine à son mari, dont la couronne ne tenait plus qu'à un fil. Mais aujourd'hui, je vais faire exception à la règle et j'insiste pour que tu m'écoutes. La pauvreté n'est pas une maladie infectieuse qui se jette sur les bonnes gens sans crier gare. Si ton peuple est devenu indigent, c'est qu'il a laissé son esprit s'endormir. Si tu réussis à l'éveiller, le tour sera joué!

— Mais comment faire? questionna le roi, qui ignorait complètement à quoi voulait en venir sa reine, car il y avait sûrement anguille sous roche.

— Voici ce que te propose, dit-elle. Fais cueillir par nos serviteurs les plus belles roses de notre jardin, puis fais-en distribuer une dans chaque maison, avec consigne que chacun des habitants en prenne le plus grand soin. Car ceux qui garderont le plus longtemps leur rose vivante et en bonne santé seront promus jardiniers du royaume. »

Le roi s'exécuta sans trop de conviction, mû surtout par le désir de faire plaisir à son épouse. Mais, dans son for intérieur, il se disait qu'il quitterait de toute façon cet enfer dès que cette futile distribution de fleurs serait terminée. Les choses ne se passèrent cependant pas comme il l'avait prévu.

Intrigués par cette nouvelle initiative royale, les habitants du royaume prirent la chose au sérieux, car ils souhaitaient obtenir le poste si convoité de jardinier de la cour. Ils se mirent donc à soigner leurs fleurs avec détermination, en utilisant toutes leurs ressources et en inventant même d'ingénieux stratagèmes pour arriver à leurs fins.

Les plus doués réussirent à maintenir leur rose en bon état durant de très longs jours, et plusieurs d'entre eux reçurent ainsi leurs lettres de noblesse. Leur passion pour l'horticulture était finalement récompensée, et ils devinrent, comme promis, les jardiniers du roi. Celui-ci leur confia personnellement la mission honorable de fleurir le royaume jusque dans ses moindres recoins.

Heureuse des résultats qu'avait donnés sa première proposition et, entièrement soutenue, cette fois, par son mari — qui n'en revenait toujours pas de la tournure des événements —, la bonne reine Marguerite promulgua un second édit. Elle ordonna qu'on distribue à travers le pays des pinceaux, de la peinture et des toiles à profusion. Il s'agissait, pour les habitants qui profiteraient ainsi des largesses de la reine, de peindre le plus beau paysage qu'ils pouvaient imaginer, puis d'apporter leur chef-d'œuvre au château dans les dix prochains jours. Les gagnants du concours allaient devenir les artistes attitrés de la cour et ils seraient chargés de la décoration de l'ensemble du royaume.

À la suite de cette brillante initiative, des âmes de peintre s'éveillèrent par centaines. À la surprise de tous, et bien souvent à leur propre étonnement, ces artistes en herbe produisirent des œuvres toutes plus magnifiques les unes que les autres. Le même processus de sélection fut utilisé pour récompenser le talent, et tous ceux qui avaient trouvé leur voie dans la peinture furent invités à leur tour à mettre leur art au service de leurs concitoyens.

Par la force des choses, le roi prit conscience des miracles qui s'opéraient à cause des mesures originales prises par la reine. Il prit donc à son tour la décision de faire distribuer des instruments de musique aux quatre coins du royaume. Chaque musicien en puissance devait développer ses compétences et venir ensuite présenter un spectacle de son cru devant le roi lui-même. Les musiciens les plus doués seraient récompensés en étant nommés troubadours officiels de la cour. Ils auraient désormais comme mission d'égayer du matin au soir les rues de l'empire, depuis trop longtemps mornes et désertes. Encore une fois, le concours fut une superbe réussite. De formidables artistes virent ainsi leur âme musicale s'éveiller, et ce qui permit l'émergence d'une nouvelle flamme intérieure en eux.

Puis on passa au concours d'écriture. Il s'agissait de composer un poème ou une histoire, pour ensuite venir en faire la lecture devant la reine. Celle-ci proclamerait les vainqueurs, qui seraient élevés au rang d'écrivains royaux. Leur rôle consisterait à écrire l'histoire du royaume, à immortaliser sur papier leurs pensées les plus profondes, à rédiger des poèmes destinés à faire rêver leurs concitoyens et à éveiller les autres âmes de poète qui s'ignoraient. Vous l'avez sûrement deviné, cette nouvelle initiative connut, elle aussi, un succès retentissant, et fit éclore de nombreux talents.

Durant les mois qui suivirent, le couple royal s'employa sans relâche à rallumer ici et là les petites flammes de créativité que l'oisiveté des habitants avait laissé s'éteindre depuis trop longtemps. Tant et si bien qu'un jour, la plupart des gens avaient trouvé leur voie, en manifestant un talent ou un intérêt particulier dans un domaine qu'ils aimaient.

Ces nouveaux amoureux de la vie se mirent à travailler sans répit, chacun dans leurs sphères de compétence respectives. En plus de s'enrichir matériellement et spirituellement, ils donnaient progressivement aux plus coriaces d'entre eux le goût d'en faire autant.

Quant au roi, il fut payé au centuple pour les efforts effectués et les écus investis dans cette étonnante entreprise. En moins d'une année, il se retrouva à la tête d'un des plus riches royaumes de la région. Il avait tout simplement compris que la meilleure façon d'éliminer la pauvreté dans un pays consistait à nourrir l'esprit de ses habitants. Et le meilleur moyen d'y arriver était de les aider à découvrir et à développer leurs talents.

Et dire que tout cela avait commencé avec une reine nommée Marguerite... et de simples roses!

Le Prophète caché
de la forêt d'Issambre

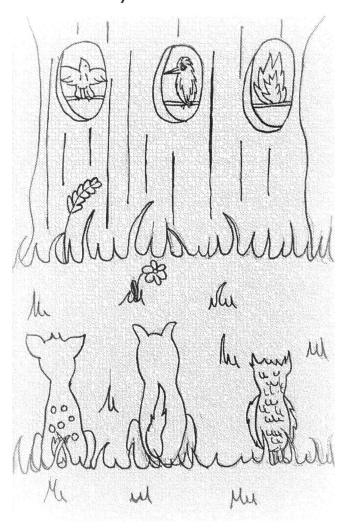

Le
Prophète caché
de la forêt d'Issambre

u cœur de la forêt d'Issambre se dressait un cèdre gigantesque dont les branches très denses recelaient plus d'un mystère. Une rumeur des plus persistantes voulait en effet qu'un grand maître y ait récemment pris demeure et reçoive les animaux qui cherchaient des réponses à leurs questions les plus personnelles.

Voulaient-ils savoir ce que leur réservait l'avenir? quels étaient les causes et effets de leurs déboires? quelles étaient les façons de réagir sagement aux situations qui se présentaient? Le prophète caché, comme on l'appelait, avait, à ce qu'on disait, réponse à tout. Par contre, il ne sortait jamais de sa demeure, et personne ne l'avait jamais réellement vu de près. Car même durant ses interventions, un voile le séparait de ses visiteurs, de sorte que ceux-ci ne pouvaient distinguer que sa silhouette.

Certains disaient que cet être mystérieux était adorable, qu'il faisait preuve d'une constante gentillesse et d'une politesse sans égale. Ils ajoutaient que son plumage d'un blanc très pur resplendissait, ce qui lui donnait l'allure d'une colombe immaculée. D'autres, par contre, soutenaient exactement le contraire. Ils affirmaient avec conviction et véhémence qu'il s'agissait là d'un vieux corbeau maléfique, revêtu d'un horrible manteau noir usé par le temps. Ces derniers allaient même jusqu'à prétendre que ses mœurs laissaient à désirer.

Ses détracteurs déclaraient aussi qu'il prédisait des choses terrifiantes. Il utilisait à cet effet un langage si direct que même les animaux les plus coriaces ressortaient de leur rencontre avec leurs émotions à fleur de peau. Une chose était sûre cependant, c'est que ce prophète caché ne laissait personne indifférent. Tous ceux qui allaient le rencontrer, à leurs risques et périls, en ressortaient complètement transformés, dans un sens comme dans l'autre.

Mais pourquoi toutes ces opinions contradictoires? se demanda un jour le grand conseil animalier de la forêt d'Issambre. Ce prétendu prophète était-il un cabotin ou un véritable sage? Était-ce une magnifique colombe ou un corbeau maléfique? Il devait bien y avoir un moyen de savoir la vérité à ce sujet!

« Y a-t-il des volontaires pour élucider ce mystère? » demanda alors le chef suprême du conseil.

Le représentant des loups, le plus sceptique des membres du conseil, leva la patte et se proposa pour aller rencontrer ce prétendu prophète, en s'engageant ouvertement à le démasquer si nécessaire. Il en avait vu d'autres et ne se laisserait sûrement pas impressionner. À l'autre bout de la salle, une petite biche qui voulait satisfaire sa curiosité en fit autant, de même que le sage hibou, qui bougea instinctivement de l'aile en clignant légèrement des yeux. « Trois opinions valent mieux qu'une », conclut le conseil en appuyant ces excellentes candidatures.

Plusieurs jours passèrent avant que le loup et la biche reviennent de leur périple. À cause de son âge avancé, le hibou avait préféré attendre que ses deux comparses reviennent de leur mission pour juger de la pertinence de l'entreprendre à son tour. Le soir même de leur retour, le loup et la biche vinrent faire devant leurs pairs le compte rendu de leur démarche au cœur de l'arbre enchanté. La biche, rayonnante de bonheur comme à son habitude, fut la première à s'exprimer devant l'assemblée, car elle avait insisté auprès du loup pour se rendre la première chez le fameux sage aux multiples visages.

« Dès mon arrivée au pied du grand cèdre, commença-t-elle avec enthousiasme, une voix douce m'enjoignit de pénétrer au cœur de l'arbre, car, à ce que j'ai su, on m'attendait déjà depuis quelques jours. Surprise de tant de sollicitude, je m'exécutai et me retrouvai bientôt devant une magnifique colombe. Celle-ci se mit dès lors à raconter ma vie avec une exactitude rigoureuse, et dans les moindres détails. Je peux vous assurer, fit remarquer la biche avec humour, que cet oiseau en savait presque autant que moi sur ma propre existence.

« Puis, sans que j'aie besoin de rien demander, la colombe m'annonça, avec force délicatesse, quelques événements à venir, certains heureux, d'autres malheureux. Mais elle spécifia que je pouvais toujours en changer le cours — et elle insista sur ce point — en modifiant simplement mon attitude.

« Je ressortis de cet entretien avec une telle sérénité que j'en ressens encore les vibrations revivifiantes juste à vous en parler. Il n'y a vraiment rien à craindre de cet être magnifique, conclut-elle. C'est bel et bien une sage colombe, je l'ai vue! »

Les membres du conseil de la forêt d'Issambre se montrèrent très satisfaits de cet exposé plus que significatif. Ils se préparaient à clore l'assemblée lorsque le loup s'avança en colère, affichant une mine déconfite.

« La biche a tort, clama-t-il avec force. Ce prétendu sage que j'ai rencontré dans le cèdre maudit n'est qu'une sale brute de corbeau aux manières plus que cavalières. Et, en plus, il raconte n'importe quoi. »

Le loup en tremblait encore tant il était ébranlé. Il finit cependant par reprendre ses esprits et poursuivit son étonnant témoignage.

« Dès mon arrivée auprès de l'arbre gigantesque, une voix rauque m'ordonna de m'y faufiler au plus vite, ce que je fis promptement afin d'en avoir le cœur net. Une fois sur place, je vis un oiseau noir au plumage pitoyable qui se tenait devant moi, en tentant vraisemblablement de m'intimider avec son regard perçant. Je savais d'emblée que j'avais affaire à un imposteur et je ne tentai point de lui cacher mon opinion.

« Le corbeau maléfique se mit alors à me confronter brutalement à mon passé en me décrivant sans retenue certaines situations que j'avais pourtant cru enterrées à jamais dans ma mémoire. *À quoi bon ressortir de telles vieilleries?* aurais-je voulu lui dire, mais il ne me laissait pas le temps d'intervenir. Il me raconta aussi que de grandes épreuves m'attendaient si je ne changeais pas mon attitude envers les autres. Mais de quoi se mêle-t-il, cet oiseau de malheur? Et qui est-il pour me faire la morale et me dire comment gérer ma vie? » ajouta le loup comme pour se justifier, tout en sentant la rage monter en lui au fil de son exposé.

« Et dire qu'un seul coup de patte aurait pu anéantir ce faux prophète. J'ai eu quand même pitié de lui et j'ai continué à écouter impassiblement ses prédictions absurdes. Je me disais que, de toute façon, sa fourberie allait le perdre et que je ne le reverrais jamais. A-t-on idée de déterrer le passé d'autrui et d'assombrir sans vergogne l'avenir d'un être qui est à la recherche d'un simple réconfort? Je lui criai en partant que je n'avais aucunement l'intention de changer quoi que ce soit en moi. Ne suis-je pas le grand loup de cette forêt? Je vous le confirme, ce prétendu sage est vraiment un corbeau odieux qu'il faut expulser coûte que coûte de notre royaume. Je l'affirme, car je l'ai bel et bien vu! »

En désespoir de cause, le chef suprême du conseil de la forêt d'Issambre se tourna vers le hibou à demi endormi.

« Il semble bien qu'il y ait là un problème, commença-t-il d'une voix indécise. Tu es le seul qui puisse départager les opinions en te rendant toi-même là-bas. Va et rapporte-nous la vérité, comme tu as toujours si bien su le faire. »

Le hibou attendit que la nuit soit tombée avant d'entreprendre son voyage, car, dans son cas, la pénombre était une alliée. Quand il fut arrivé à destination, le majestueux cèdre l'accueillit avec tous les honneurs qui lui étaient dus.

« Entre, céleste sage, dit une voix chantante émanant du feuillage magnifique. Ta sagesse mérite que tu connaisses la vérité. »

Libéré depuis longtemps des pièges de la vanité, l'oiseau de nuit pénétra avec une certaine méfiance au cœur du mystère. À son extrême surprise, il ne vit qu'une simple lumière sans forme particulière.

« Ne sois pas étonné de ne trouver ici ni colombe ni corbeau, murmura la source lumineuse tout en enveloppant lentement le hibou de ses rayons dorés. Étant donné que la sagesse de ton âme sait qu'il n'existe ni bien ni mal, je n'ai nul besoin d'incarner devant tes yeux l'une ou l'autre de ces formes pour te livrer mes messages, tu comprends? Peu d'êtres parmi ceux qui pénètrent dans mon royaume ont, comme toi, une vision élargie des choses.

« Certaines âmes ont besoin de la douceur d'une colombe pour mieux capter et mieux assimiler mes propos. Ce fut le cas pour cette adorable biche qui s'est présentée devant moi il y a quelque temps. Quant au loup, j'ai tout de suite senti que la tiédeur n'était pas son lot et que la seule façon de le remuer un peu était d'utiliser la bravade. J'incarnai donc son côté le plus sombre afin de transpercer son épaisse carapace, sous laquelle j'ai pu détecter un cœur d'une grande tendresse. Dans les situations délicates où l'ombre semble maîtresse et reine, j'accepte qu'on me haïsse au lieu de m'aimer, car je sais pertinemment que mon message aura plus de chances de passer quand l'émotion et la hargne se seront dissipées. »

Le hibou interrompit les propos tenus par la lumière, qui s'était maintenant diffusée dans l'ensemble de l'arbre:

« Mais ce loup nous a également laissé entendre que ce que tu as dit à son sujet n'était pas la vérité, et aussi que les prédictions que tu as faites avaient très peu de chances de se réaliser. Qu'en est-il de tout cela? Comment la fausseté peut-elle se marier à la vérité?

— Sache, mon cher hibou, reprit promptement la lumière, qu'il importe peu que ce que je dise reflète exactement la vérité. Le seul but visé par la Source qui m'inspire est l'élévation de l'âme qui se trouve en face de moi. Je peux inventer n'importe quel stratagème; cela est permis en autant que l'éveil puisse un jour en surgir. Comment pourrais-je prédire l'avenir quand nous savons bien tous les deux que celui-ci se façonne à chaque seconde, au rythme des décisions qui sont prises?

« La véritable clairvoyance, insista la lumière, est une arme à deux tranchants. Utilisée par un être sans scrupules, elle peut détruire une vie. Mais si elle est employée par un sage dont l'unique but est l'évolution des âmes, elle peut être à l'origine de nombreux miracles, à des phénomènes qui se situent au-delà du simple entendement.

« J'ai compris depuis bien des lunes qu'un véritable maître, un maître digne de ce nom, doit accepter d'être adulé par les uns et condamné par les autres. C'est le prix à payer pour diriger sagement les âmes. Souviens-toi que seuls les résultats à long terme justifient une quelconque démarche faite auprès de messagers comme toi et moi. C'est ce que je voudrais que tu dises au conseil.

« Il est extrêmement risqué de juger quelqu'un d'après la personnalité qu'il reflète. Il n'y a personne qui soit sur la route d'une autre personne par un simple effet du hasard. Tu pourras vérifier cela dès ton retour, ajouta la lumière en rigolant un peu. Car le loup est déjà en train d'améliorer son comportement avec les siens, tout en continuant, évidemment, à vociférer contre moi et à contester mes propos à son égard.

« Un authentique messager divin, et chacun en est un à sa façon, se doit de faire son boulot de la meilleure façon possible, selon le scénario qui lui semble le plus approprié. Qu'on l'aime ou le critique ne devrait pas avoir de poids dans la balance, car seuls les résultats sont garants de nos actions. »

Un long silence s'installa au cœur de l'arbre magique. Avec un mélange de stupéfaction et d'admiration, le hibou avait bu chacune des paroles de son interlocuteur, espérant que ce moment d'éternité ne prenne jamais fin. La lumière se concentra alors en un point central situé juste en avant de lui, puis elle s'intensifia graduellement. Une forme noire et répugnante se matérialisa soudain devant le hibou abasourdi, pour se dissiper ensuite rapidement et se transformer presque aussitôt en la plus belle colombe qu'il pouvait être donné d'imaginer: deux manifestations de la même lumière en l'espace d'un court moment; et l'une était aussi utile que l'autre, selon les yeux qui la percevaient. Le message était clair, il ne restait plus qu'à le délivrer avec exactitude.

Cette fois, le vieil hibou tout ragaillardi n'attendit pas la nuit pour revenir chez lui. Le jour même de son retour, il réunit le conseil pour lui faire part de l'entretien qu'il venait d'avoir. La réputation de grande sagesse qui le suivait partout lui permit d'être bien compris de tous; tous, sauf le loup qui, étrangement, brillait par son absence ce jour-là. Il avait prétexté une quelconque maladie pour ne pas perdre la face devant ses congénères. Mais, en réalité, il avait décidé de tenir compte des recommandations de ce corbeau de malheur et de prendre quelques jours de vacances. Il espérait ainsi renouer les liens avec les siens, en particulier avec sa louve, qu'il avait vraiment négligée ces dernières années, et avec ses petits louveteaux, qu'il n'avait pratiquement pas vu grandir tellement il était occupé à vaquer aux affaires de la forêt...

Tel que le prophète caché l'avait pressenti, le vent du changement s'était levé pour le loup. Et le plus étonnant dans tout cela, c'est que celui-ci se surprit même à se demander, plusieurs lunes plus tard, si, d'une certaine façon, le corbeau n'avait pas eu raison de lui parler comme il l'avait fait...

La Légende de la petite Indienne

La
Légende de
la petite Indienne

l y a de cela très longtemps, deux tribus indiennes vivaient sur un pied de guerre constant, se battant continuellement l'une contre l'autre. Cette situation perdurait depuis déjà plusieurs générations. L'une de ces tribus, celle des Nimbas, rayonnait pourtant d'une immense sagesse. Chez eux, tout était imprégné de joie, de sérénité et de respect pour la nature, qu'ils considéraient comme leur mère à tous, leur père étant évidemment le Dieu Créateur.

La sapience légendaire des différents chefs nimbas venait du fait qu'elle était transmise de père en fils depuis toujours. Ainsi, le chef actuel s'apprêtait à transmettre son savoir à son fils Waki, pour qu'il puisse à son tour, et en temps voulu, guider la tribu avec autant de compétence et de désintéressement que lui.

Il avait également une fille d'une beauté remarquable dénommée Mirta. C'était la cadette de la famille et, à sa naissance, le sorcier de la tribu avait prédit que sa sagesse allait un jour disperser leurs ennemis jurés, les Outahs.

Ce clan des Outahs avait un mode de vie tout à fait à l'opposé de celui de ses voisins. Le mal y régnait depuis longtemps, et tous semblaient s'en accommoder parfaitement. Violence et négativité faisaient partie inhérente de leur quotidien. Les Outahs ne respectaient rien et tenaient constamment leur hache de guerre déterrée dans l'espoir de conquérir d'autres terres et d'y établir leur règne de terreur et de soumission.

Vous devez bien vous douter que les Nimbas étaient leur cible favorite. Les Outahs savaient pertinemment que s'ils réussissaient à éteindre la flamme créatrice qui brillait chez leurs rivaux, toutes les conquêtes seraient possibles, et faciles par surcroît. À maintes reprises, ils avaient essayé d'imposer leur loi, mais, jusque-là, la lumière avait toujours triomphé de leurs sombres desseins. Cependant, tout allait changer, ils en étaient sûrs.

Par une nuit sans lune, les Outahs entrèrent par surprise dans le territoire convoité. Ils prirent d'assaut tous les wigwams des habitants, qui n'eurent pas trop conscience de ce qui se passait. Le massacre fut terrible. Tous les Nimbas furent tués, tous, sauf la petite Mirta. Celle-ci fut capturée et ramenée dans le camp adverse après le carnage.

La princesse n'était âgée que de huit ans à l'époque, mais elle avait toutefois conscience de la lumière qui l'habitait. Par contre, elle devait admettre son impuissance face à ses conquérants. Elle ne pouvait faire autrement que d'abdiquer et finit un jour par se ranger du côté de ses ravisseurs. Elle grandit donc dans l'énergie négative dégagée par les Outahs.

Dès son arrivée dans son pays d'adoption, le chef suprême de la tribu lui avait vite fait comprendre que son soleil intérieur allait s'éteindre de lui-même avec le passage des lunes au seul contact avec sa nouvelle famille. Il ajouta que sa sagesse ancestrale allait être balayée et remplacée par les croyances qui lui seraient désormais enseignées.

« Donc, inutile d'essayer de te rattacher à ton passé, petite fille, avait insisté le grand chef. De toute façon, tu ne pourras plus jamais rayonner sur les autres comme ton peuple l'a fait durant des décennies. Notre ombre a éteint la lumière de tes pairs, et celle-ci ne pourra jamais être ravivée, crois-moi! »

Et la conversation s'était close sur cette affirmation non équivoque. Dans sa naïveté d'enfant, Mirta crut aveuglément ce que lui avait dit son nouveau maître et cessa de nourrir sa lumière originelle. Son intuition se brouilla de plus en plus chaque jour. Le vieux sage intérieur qui la guidait, comme il avait guidé avant elle tous ses ancêtres, n'eut d'autre choix que d'abdiquer lui aussi et de s'effacer au contact de l'ombre qui s'installait progressivement chez sa douce protégée.

Mirta fut dès lors élevée dans l'esprit biscornu des Outahs. Au fil des années, elle devint une jeune femme intolérante, irrespectueuse et négative. N'est-ce pas ce qu'on lui avait toujours dit qu'il lui arriverait au contact de la noirceur? Ce qui fut prédit se matérialisa, du simple fait qu'elle l'avait cru. Pourtant, au fond d'elle-même et à son insu, la petite flamme de ses ancêtres était encore vivante...

Un valeureux chasseur appartenant à une tribu voisine de celle des Nimbas avait eu vent du carnage et, le lendemain du massacre, il crut bon d'aller constater sur place l'ampleur du désastre. Au cœur du village incendié, il découvrit un jeune garçon d'une douzaine d'années qui, les yeux empreints de frayeur, sanglotait au milieu des cendres encore fumantes de ce qui avait été jadis sa maison. Le petit prince fut recueilli et réconforté par cet Indien qui, tout comme lui, était doté d'un cœur d'or.

Le jeune rescapé était Waki, le descendant direct du chef des Nimbas. Il avait échappé à la mort en se cachant sous le cadavre de son père, qui n'avait d'ailleurs pas cessé de lui parler d'âme à âme durant toute la bataille, et même après avoir quitté son enveloppe physique. Juste avant d'aller rejoindre ses ancêtres, il lui avait dit:

« Ta mission, mon fils, va bientôt commencer. Un homme d'une extrême bonté viendra te chercher. Suis-le sans crainte, car il est des nôtres. Il te transmettra les enseignements que je n'ai pas eu le temps de te donner. Le jour de tes dix-huit ans, tu iras chez les Outahs retrouver ta sœur Mirta. Tu devras tenter de rallumer en elle la lumière de la sagesse que nos pères lui ont léguée et qu'elle croira avoir perdue depuis longtemps. Lorsque ce sera fait, un miracle s'opérera. Tu pourras dès lors revenir dans la famille qui t'a recueilli et prendre ma relève, tel que le veut la tradition. »

Après quelques jours, Waki avait oublié cette conversation, mais les événements devaient se dérouler comme prévu. À l'aube de ses dix-huit ans, le père du jeune prince vint à lui en songe afin de lui rafraîchir la mémoire.

« Ce ne sera pas facile, l'avertit son paternel, car les ténèbres qui entourent la tribu des Outahs feront naître en toi une intense frayeur. Mais n'oublie jamais qu'un seul rayon de lumière peut éclairer une étendue incommensurable de noirceur. Lorsque tu sentiras la peur t'envahir, tu n'auras qu'à projeter cette lumière ancestrale devant toi. Les ténèbres se dissiperont alors d'elles-mêmes, sans effort de ta part, et sans que tu doives engager d'inutiles batailles. »

Au petit matin, Waki prit courageusement la route en direction de la cité des redoutables Outahs. Plus il se rapprochait du campement ennemi, plus il sentait la noirceur le harceler de toutes parts. Au début, il tenta de lutter contre l'angoisse sans cesse grandissante dont lui avait parlé son père; mais, se souvenant soudainement de ses recommandations, il s'appliqua plutôt à emplir son cœur de belles pensées et d'images lumineuses. Comme par magie, les choses changèrent autour de lui, et l'atmosphère devint légère avec chacun des pas qu'il faisait.

À quelques mètres du campement adverse, il fut capturé tel qu'il l'avait anticipé, et il n'opposa aucune résistance. Que pouvait-il craindre s'il était habité par sa lumière originelle? En l'absence du chef des Outahs, Waki fut gardé momentanément en détention. On l'avait placé dans une des tentes attenantes à celle de sa sœur, qu'il avait d'ailleurs entrevue un peu plus tôt. La nuit venue, il n'eut aucune peine à déjouer la vigilance des gardes à moitié endormis et se glissa jusqu'à la porte de la tente où se trouvait Mirta.

« Laisse-moi entrer, souffla-t-il sous la porte, c'est moi, ton frère Waki. »

Mirta reconnut cette voix familière.

« Tu te souviens? insista Waki. Quand nous étions jeunes, je te tirais les orteils tous les soirs pour te faire peur, ce qui nous faisait bien rire tous les deux... »

Les doutes de la jeune fille s'estompèrent instantanément, car personne d'autre que son frère ne connaissait ce jeu improvisé qui avait meublé son enfance. Elle laissa donc entrer Waki et l'accueillit en le serrant très fort dans ses bras. Sa figure était inondée de toutes les larmes qu'elle avait retenues durant ces années de refoulement. Waki l'examina attentivement. Les yeux de sa sœur étaient maladivement creux, son teint blafard et sans vie. Même si elle semblait éteinte de partout, Waki put quand même détecter dans son regard la petite lueur familière qui était cachée tout au fond de son âme. Il se rappela alors que sa mission consistait à faire rejaillir cette lumière. Mais comment allait-il s'y prendre pour que renaisse cette fleur dont les pétales fanés tenaient à peine sur leur tige desséchée? Comment sa seule présence allait-elle pouvoir opérer ce miracle?

Enveloppant tendrement sa sœur de ses bras fraternels, il se concentra simplement sur son propre soleil intérieur et le laissa émaner vers sa cadette. Il pensa à l'amour de son père, à la sagesse de ses ancêtres, à l'indulgence de sa famille d'accueil, et à tout ce qui l'avait rempli de joie durant ses périodes difficiles. Et tel que cela avait été présagé lors de son dernier rêve, le miracle se produisit. Sa lumière dispersa miraculeusement les ténèbres environnantes, et Mirta se sentit renaître.

Au seul contact de l'énergie de son frère, la petite Indienne sentit se dissiper toutes ses années de négativité. Ce n'est pourtant pas ce que le grand chef des Outahs lui avait laissé entendre! Avait-il menti lorsqu'il lui avait dit que sa lumière allait automatiquement s'éteindre au contact des ténèbres? Mirta regarda fièrement son frère, dont le visage s'était illuminé d'un sourire angélique digne des plus grands sages, un sourire qu'elle n'avait jamais retrouvé chez les Outahs.

« Cher Waki, qu'es-tu venu faire ici au juste? questionna la princesse.

— Je viens à la requête de notre défunt père, répondit le jeune homme, les yeux brillants. Celui-là même qui, à notre naissance, nous a insufflé la vie en même temps que la sagesse de ses ancêtres, cette sagesse qu'il veut maintenant nous laisser en héritage. Aussi étrange que cela puisse paraître, ma mission consiste à te faire part de ta mission à toi, soit de transmettre ta propre lumière à ce peuple des Outahs dont tu fais maintenant partie.

— Mais c'est impossible, rétorqua la petite Indienne, désemparée. Je veux repartir avec toi et retrouver la flamme de mes origines dans la paix et la sérénité. Mon peuple d'adoption est tellement enveloppé de noirceur! J'en ai été moi-même imprégnée à satiété, et tu vois le résultat? Je me sens parfois complètement éteinte; c'est pourquoi je ne désire pas rester ici une seconde de plus. »

Waki sentait l'atmosphère devenir un peu trop dramatique à son goût. Pour faire diversion, il alla d'un seul bond tirer les orteils de sa sœur, ce qui ramena la joie sur son visage et la fit sortir de sa grisaille. Elle rit de bon cœur, en se disant que son frère n'avait vraiment pas changé.

Reprenant le fil de la conversation, Waki expliqua:

« Ta fuite n'arrangerait rien, petite sœur, tu le sais bien. Ta lumière n'est pas éteinte, elle a juste été mise en veilleuse pendant quelques années. Même cachée sous une épaisse carapace, la sagesse finit toujours par émerger au grand jour si on lui en donne la chance.

— Mais l'ombre n'obscurcit-elle pas tout ce qu'elle recouvre? s'enquit Mirta. C'est ce qu'on m'a toujours inculqué ici! »

Waki hocha la tête en signe de dénégation et répliqua:

« C'est justement parce que tu as cru que les ténèbres étaient plus fortes que la lumière que tu as permis qu'il en soit ainsi. Notre père ne nous a-t-il pas enseigné durant notre jeunesse qu'une minuscule parcelle d'amour pouvait facilement dissiper une quantité colossale de haine? On a voulu te faire croire que le négatif allait influer sur toi et éteindre ta lumière. C'est le contraire qui aurait pu se passer si tu avais refusé de croire ces paroles. Tu dois donc apprendre à raviver ta flamme intérieure et, à partir de maintenant, tu dois commencer à la refléter autour de toi, envers et contre tous.

« Bien sûr, tu dérangeras les cœurs coriaces au début, mais, aveuglés par la luminosité de ton être, ceux-ci n'auront d'autre choix que de s'éloigner de toi. Cette transformation se fera toute seule. Tu n'as qu'à rayonner comme je l'ai fait il y a quelques minutes, en te rappelant la sagesse de notre père et en t'y abandonnant entièrement. Essaie, tu verras! À l'avenir, c'est toi qui feras émaner ta lumière sur les autres, et non eux qui t'obscurciront de leur négativité.

« Telle est ta mission, chère Mirta, termina le prince aîné, en même temps que des minuscules larmes de joie perlaient à ses yeux. Nous nous reverrons sûrement un jour, mais pas avant que tu aies accompli ta tâche. »

Waki donna un baiser d'adieu à sa sœur et s'enfuit subrepticement dans la forêt pour ne plus jamais revenir. La petite Indienne passa le reste de la nuit à méditer sous son tee-pee, les crépitements harmonieux d'un feu de camp accompagnant sa réflexion. Elle laissa progressivement remonter en elle la sagesse de ses ancêtres. Se remémorant sa jeunesse plutôt malheureuse chez les Outahs, elle résolut de n'en conserver que les bons souvenirs. Elle jeta définitivement dans les flammes purificatrices les sombres images qui n'avaient cessé de la hanter depuis le début de sa captivité.

Lorsque son nettoyage intérieur fut terminé, Mirta demanda à l'étincelle divine ranimée par le souvenir de son père de s'installer à demeure dans son cœur et de ne jamais plus la quitter.

Forte de cette arme invincible que certains appellent l'Amour, elle entreprit sa mission dès les premières lueurs du jour et scinda les ténèbres environnantes par des sourires et des mots de tendresse. Elle alla à la rencontre de ses amis les plus proches et les serra dans ses bras. Chez certains d'entre eux, elle ranima l'étincelle divine originelle alors que chez les autres, elle ralluma les espoirs anéantis par l'adhésion aux croyances défaitistes.

Comme il fallait s'y attendre, la nouvelle attitude de Mirta fit fuir ceux dont la carapace était devenue tellement dense avec le temps qu'il était impossible de la transpercer à la première tentative. Mais ce n'était que partie remise. La petite Indienne sema une à une les miraculeuses particules de soleil qui l'habitaient. Le temps ferait le reste.

Jour après jour, cette belle épidémie se transmit irréversiblement d'un être à l'autre. La tribu des Outahs, jadis si meurtrière, était en train de s'anéantir elle-même par la seule la force de l'amour qui émanait de Mirta. La prophétie du grand sage des Nimbas se réalisait enfin. Bien sûr, les habitants de cette contrée ne purent être tous transformés, car plusieurs d'entre eux avaient un cœur encore trop habité par la haine issue de traditions guerrières ancestrales. Mais les dissidents durent, par la force des choses, quitter le village et se regrouper un peu plus loin. Par contre, ils revinrent un jour au bercail l'un après l'autre, car lorsqu'on goûte un seul instant à la véritable joie, il devient impossible de s'en tenir éloigné bien longtemps.

Ainsi se termine la légende de la petite Indienne, celle qui avait trouvé l'arme la plus efficace contre le malheur qui avait été son lot. Si un jour vous sentez que l'affliction est en train de vous envahir, imaginez-vous pendant quelques instants que vous êtes la petite Mirta. Prenez un grand souffle d'amour et demandez à votre Père céleste de s'installer au centre de votre cœur. Vous n'aurez plus alors qu'à laisser émaner Sa joie de vivre et Sa sagesse, en vous comme autour de vous. Vous deviendrez ainsi la petite Indienne de votre propre légende, et vous changerez peut-être les choses dans votre histoire personnelle...

La Chasse aux J'aurais-donc-dû

La
Chasse aux
J'aurais-donc-dû

I était une fois une contrée très loin-
taine qui avait été baptisée, à juste
titre, le pays de la sérénité. Depuis
des temps immémoriaux, les habitants de ce paradis vivaient en complète harmonie aussi bien avec eux-mêmes qu'avec
leurs voisins. La maladie y était pratiquement
inconnue, et il n'était pas rare de voir des gens
vivre jusqu'à cent cinquante ans et plus, tout en
jouissant d'une santé parfaite, tant physique que
mentale. L'amour que chacun recevait en héritage
à sa naissance était garant de cette perfection
proverbiale. Il continuait même à grandir avec
les années, ce qui était suffisant pour garder éloigné tout élément susceptible d'attirer la
disharmonie dans ce royaume de paix.

Mais un jour naquit le petit Matira, un enfant
animé d'une curiosité sans borne. Cet enfant allait
changer le cours de l'histoire de ce havre jusque-là

inviolé. Dès qu'il eut atteint sa majorité, Matira décida, au grand dam de tous, d'aller explorer une contrée éloignée que l'on surnommait le pays de l'ombre. Cette idée n'avait jamais traversé l'esprit d'un seul habitant du pays tant elle était saugrenue. Comment quelqu'un pouvait-il envisager de quitter ce paradis pour aller s'enfoncer dans un enfer ténébreux où, disait-on, la culpabilité et la souffrance régnaient en roi et maître? Mais Matira avait un besoin viscéral de tester sa propre perfection et de vérifier par lui-même à quoi pouvaient bien ressembler les gens malheureux.

Il partit donc un beau matin à l'insu de tous, car son projet avait toujours provoqué la désapprobation. Après de longues pérégrinations dans des terres de plus en plus inhospitalières, il se retrouva dans une région aride que les siens avaient boycottée. C'est seulement à ce moment qu'il put constater *de visu* que les rumeurs qui circulaient sur ce pays de l'ombre étaient bel et bien véridiques. Matira n'en revenait tout simplement pas.

Les visages des gens qu'il rencontrait étaient sombres et sans vie. Certains tentaient bien d'arborer un certain sourire, mais celui-ci ne restait, hélas! jamais bien longtemps sur leur figure. Personne ne se regardait, ni ne se saluait. Chacun vaquait à ses affaires en semblant ne se soucier aucunement des autres.

Quelle drôle de contrée! se répétait Matira jour après jour. Malheureusement, le jeune homme issu du royaume de la sérénité, sentit peu à peu sa lumière intérieure diminuer. Cela s'était fait au simple contact des habitants du pays et... des étonnantes bestioles qui y foisonnaient. En effet, bien des années auparavant, des moustiques étaient apparus en grand nombre sur cette terre déchue, probablement attirés ou engendrés par l'énorme sentiment de culpabilité entretenu avec persévérance par les habitants du pays de l'ombre.

Les plus terribles de tous ces insectes avaient pour nom les *j'aurais-donc-dû*. Ils avaient une apparence répugnante et ils étaient doublement redoutables, car, avec les années, ils avaient envahi absolument tous les coins de la ville. Les résidents ne s'en étaient jamais aperçus, tant ils étaient absorbés par leurs diverses occupations.

Matira se crut longtemps inoculé contre ces moustiques de malheur, à cause de sa lumière intérieure originelle. Mais il reçut néanmoins sa première piqûre de *j'aurais-donc-dû* à un moment où il ne s'y attendait vraiment pas.

Dès son arrivée sur cette terre de souffrance, Matira s'était lié d'amitié avec un certain Dlareg, un enfant de son âge qu'il avait rencontré par hasard dans la rue. Une merveilleuse complicité était née entre eux, ce qui fit en sorte qu'ils purent goûter tous les deux une certaine sérénité, malgré la noirceur environnante. Ils prirent même goût à faire la fête et ils s'y employèrent plus souvent qu'à leur tour. Ils vivaient avec fougue leur jeunesse et versaient parfois dans d'admirables excès.

Tout allait bien pour nos deux compères, jusqu'au jour où Dlareg tomba gravement malade. Il fut hospitalisé d'urgence dans un établissement sombre et dénué de cette chaleur humaine qu'il avait connue durant les derniers mois avec son nouvel ami du pays de la sérénité.

On diagnostiqua une maladie bizarre dont Matira n'avait jamais entendu parler et que l'on appelait ici le cancer. Comme les habitants de sa contrée d'origine ne s'en faisaient avec rien et qu'ils ne connaissaient pas le stress, ils ne tombaient malades que très rarement et, le cas échéant, pour une courte période, car ils savaient en tirer très rapidement une leçon.

Gagné par la panique et la crainte de l'inconnu, Matira ne put se résoudre avant plusieurs semaines de tiraillements intérieurs à aller visiter son ami dans cet hôpital de la peur. À son grand désarroi, il se retrouva dans une chambre morbide où un préposé l'avait distraitement conduit, et y découvrit un être méconnaissable dont la peau tenait à peine sur les os. Déconcerté en voyant ce pâle reflet de l'homme qu'il avait jadis connu sous le nom de Dlareg, Matira trouva à peine la force de lui balbutier quelques mots malhabiles d'encouragement. Puis, sans même avoir osé lui toucher ou

lui serrer la main, il se retira en trombe, décontenancé, en prétextant un rendez-vous fictif. Mais il
promit tout de même à son copain de revenir le
voir un peu plus tard. Malheureusement, il ne put
jamais remplir son engagement, car Dlareg mourut la nuit même.

Submergé par la peine et rempli de honte à
cause de sa lâcheté, Matira vécut en ermite durant
de longs jours dans sa sombre chambrette. Il reçut
alors ses premières attaques massives de *j'aurais-
donc-dû*. Il faut dire que ces astucieuses bestioles
profitent toujours des moments de découragement
ou d'épuisement chez leurs victimes potentielles,
ce qui en fait des proies faciles, pour fondre litté-
ralement sur elles. Tout en subissant les assauts
répétés de ces envahisseurs, Matira sentit monter
en lui une terrible vague de lassitude, accompa-
gnée d'un sentiment dont il n'avait jusque-là que
vaguement entendu parler: la culpabilité. Incapable d'arrêter cette marée montante, il se laissa
emporter par une émotion puissante et très désa-
gréable, exacerbée par les piqûres des bestioles
maudites.

« Ah! commença-t-il à se reprocher, *j'aurais-
donc-dû* rester à son chevet plus longtemps!
J'aurais-donc-dû lui parler de ma façon positive
de voir la vie, telle qu'elle m'a été enseignée par
mes maîtres! *J'aurais-donc-dû* me contenter de
l'écouter lorsque j'étais à son chevet au lieu de
remplir avec d'inutiles paroles ces interminables

moments de silence qui me faisaient tellement peur, mais qui auraient pu servir de pont entre nos deux âmes. *J'aurais-donc-dû* faire ceci, *J'aurais-donc-dû* faire cela... » Les litanies n'en finissaient pas de défiler.

Comme les insectes maléfiques du royaume de la culpabilité ne lui donnaient aucun répit, le hantant jour et nuit, Matira dut déclarer forfait. Il plia bagage et retourna, la tête basse, dans son pays natal.

Il y fut toutefois accueilli en héros et retrouva rapidement sa bonne humeur, grâce à la joie de vivre proverbiale qui régnait dans ce paradis. Il paraissait avoir renoué avec le bonheur, sauf qu'à l'intérieur, le venin sournois laissé en lui par les *j'aurais-donc-dû* continuait à faire ses subtils ravages. Pire encore, certains de ces insectes maudits s'étaient glissés subrepticement dans ses valises juste avant son exode du pays de l'ombre. Ils commençaient maintenant à se propager sur cette terre de prédilection dont ils rêvaient de devenir maîtres.

N'ayant aucune idée de ce que pouvait être la culpabilité, les habitants du pays de la sérénité ne se méfièrent aucunement des intrus et les laissèrent se multiplier à leur guise. Les prédateurs ne tardèrent pas à frapper, attendant généralement la tombée de la nuit, au moment où les gens étaient fatigués après leur journée de labeur. Comme les *j'aurais-donc-dû* n'ont aucune emprise sur les personnes dont l'esprit est clair et reposé, ils ne les attaquent même pas. Ils préfèrent concentrer leurs efforts dans les foyers où la fatigue, le découragement et la dépression se sont installés. Ils se rendent alors maîtres de leurs proies qui, sous leurs attaques bien ciblées, se transforment rapidement en victimes consentantes.

Après quelques mois de furtifs assauts en terrain propice, une ombre de plus en plus menaçante enveloppa le pays de la sérénité. Amal, un grand sage parmi tous, convoqua d'urgence les instances du royaume et leur fit part de ses craintes. Matira, qui faisait partie de ce groupe d'élite, reconnut d'emblée l'origine du mal qui était en train de contaminer son peuple. Il raconta à ses confrères les effets pervers qu'avaient eus sur lui les perfides *j'aurais-donc-dû* lors de la mort de son ami et avoua même qu'il les ressentait encore de temps en temps.

Les membres votèrent à l'unanimité une motion pour que soit engagée au plus vite la chasse aux *j'aurais-donc-dû* et ce, jusqu'à leur complète extermination. Il fut décrété que chaque habitant du royaume qui rapporterait, ne serait-ce qu'une de ces pernicieuses bestioles au conseil, serait largement récompensé.

Le mot d'ordre fut aussitôt lancé dans tout le pays, mais l'initiative n'eut pas l'effet escompté, car aucun prédateur ne fut ramené. Ce que les dirigeants ignoraient, c'est qu'aussitôt qu'un *j'aurais-donc-dû* réussissait à enfoncer son dard empoisonné dans la peau d'une victime, il devenait alors invisible, donc impossible à attraper!

Le peuple continuait donc à dégénérer, au grand dam des membres du conseil des chefs. Le fait d'entretenir le nouveau fléau appelé culpabilité, en fit apparaître un autre encore plus grave, le cancer. Rongés par la peur, le stress et le remords, les habitants de ce qui fut jadis un paradis se mirent à mourir, autant dans leur âme que dans leur corps.

Alors que Matira et le sage Amal étaient réunis et cherchaient désespérément une solution à leur épineux problème, ils entendirent chanter sous leur fenêtre. C'était Mani, l'enfant poète du royaume. C'était cet enfant qui allait sauver le pays de la déchéance, avait prédit l'oracle de la cour sans qu'on lui prête trop foi.

« Je t'ai reconnu, *j'aurais-donc-dû*, retourne au pays d'où tu es venu, chantait Mani à s'en fendre l'âme.

— Ça y est! s'exclama Matira devant le monarque estomaqué. Voilà la solution, je m'en souviens maintenant! Mon ami Dlareg m'a dit un jour que le seul fait d'admettre la présence de l'un de ces moustiques et de cesser de le combattre en lui donnant trop d'importance était suffisant pour l'éloigner à tout jamais de sa vie. En incitant le peuple à partir à la chasse aux *j'aurais-donc-dû*, nous n'avons fait que combattre la haine par la haine. Changeons immédiatement de mot d'ordre et incitons plutôt nos concitoyens à mettre sur leurs lèvres la chanson de Mani. En annihilant le mal par l'amour, nous serons délivrés à jamais de ce fléau qui nous est venu d'ailleurs et qui ne nous appartient pas.

« Que les *j'aurais-donc-dû* retournent donc vers ceux qui les ont créés! déclara le jeune homme en retrouvant sa fougue d'antan, tandis que le vénérable Amal se contentait d'approuver de la tête. Lorsque les habitants du pays de l'ombre auront assez souffert de se sentir coupables de tout ce qui se passe autour d'eux, lorsqu'ils auront admis que tout a sa raison d'être et qu'une évolution peut également se faire dans la sérénité, conclut Matira, peut-être trouveront-ils, comme nous, le moyen de se débarrasser des bestioles issues de leurs propres pensées. »

Amal fut emballé par la nouvelle tactique élaborée par Matira. Il invita Mani, l'enfant poète, ainsi que tous les autres enfants du royaume à répandre la bonne nouvelle et à faire connaître la rengaine salvatrice. L'effet fut immédiat. Une fois démasquée, l'ombre se dissipa d'elle-même. Aucun *j'aurais-donc-dû* ne put résister à la chansonnette magique répandue par les enfants. Le peuple fut ainsi délivré à temps de ce qui aurait pu l'amener à sa perte, de ce néfaste sentiment de culpabilité entretenu et nourri par la peine et l'apitoiement sur son sort.

À l'instar des enfants du pays de la sérénité, entonnez vous aussi cette mélodie aussitôt qu'un méchant *j'aurais-donc-dû* s'approchera de votre demeure... En le reconnaissant, vous lui enlèverez tout son pouvoir...

L'Oiseau perdu

L'Oiseau perdu

n oiseau naquit d'un père et d'une mère dotés d'une incommensurable sagesse. Investi de cette sapience dès sa naissance, il se mit à croire que ce don lui était dû et qu'il lui serait acquis pour le restant de ses jours. Il vécut donc une enfance des plus heureuses en gardant toujours cette pensée présente à son esprit. Parvenu à l'âge adulte, il devint pour lui tout naturel de se considérer comme plus éclairé et plus évolué que les autres individus de son espèce. Il avait d'ailleurs réponse à tout, car il se croyait détenteur de la Connaissance absolue.

Un beau jour d'automne, la volée se mit en route pour émigrer vers des pays plus chauds. Notre oiseau n'hésita pas un seul instant et il se plaça illico devant les autres, convaincu que c'était son rôle de guider ses congénères dans leur périple. Il se sentait vraiment l'étoffe d'un grand maître! En cours de route, sa propension à se croire invulnérable fit qu'il oublia l'honorable mission de guide et de protecteur qu'il s'était donnée avant de partir. Il se mit alors à voleter de branche en branche, se laissant parfois distraire par les paysages pittoresques ou dévier par les vents latéraux, négligeant de regarder derrière lui pour voir si ses protégés le suivaient toujours, ce dont il ne doutait aucunement. Mais il aurait dû se méfier, car il se leurrait sur ce dernier point...

En effet, constatant la frivolité de leur guide, les autres oiseaux avaient préféré se fier à leur instinct et suivre la route que leur indiquait leur intuition commune. Pas un souffle de vent, pas un arbre n'arriva à les distraire. Ils passèrent exactement au bon endroit et au bon moment, sans avoir besoin d'un guide pour leur montrer quelque route que ce soit.

Pendant ce temps, notre oiseau se retrouva perdu dans une tempête de neige qu'il n'avait pas senti venir, trop distrait par ses pensées qui masquaient son instinct. À bout de forces et en désespoir de cause, il se retourna pour demander l'aide de ses disciples, qu'il croyait être toujours à sa suite. Il constata alors avec effroi qu'il était complètement seul! Après avoir cédé pendant quelques instants à une panique très légitime, il recouvra cet instinct qu'il avait mis de côté depuis belle lurette et se dénicha un petit sapin dont la branche la plus haute accepta de l'accueillir. Il y resta blotti durant d'interminables heures, tremblant de toutes ses plumes, dans la « froidure » tant extérieure qu'intérieure, chose qu'il n'avait jamais expérimentée auparavant.

Ah! ce qu'il faisait froid! Et cette solitude insupportable! Graduellement, tout devint noir autour de lui, car la nuit étendait sur la forêt son manteau opaque. Même l'incroyable force de son mental, qui l'avait toujours servi et soutenu jusquelà, ne parvenait pas à assurer la moindre sécurité à l'oiseau. Pour la première fois de sa vie, il se sentit... tout petit!

De la menaçante pénombre surgit soudain une silhouette menaçante. Marchant d'un pas alerte, un homme fortement bâti passa tout près de l'arbre. Le colosse était imposant, et avait l'air dangereux avec sa grosse barbe pleine de neige. À chacune de ses expirations, une immense bouffée de fumée blanche était propulsée hors de sa bouche. Écoutant cette fois son intuition, le petit oiseau frigorifié poussa quelques faibles cris de détresse pour attirer l'attention du géant. Celui-ci entendit son appel à l'aide et s'approcha instinctivement de l'arbre. Dès que ses yeux croisèrent magiquement ceux du malheureux volatile, ils devinrent pleins d'amour. L'homme tendit une main velue vers l'oiseau et lui dit, avec tout l'amour qu'il pouvait exprimer: « Tu peux venir avec moi si tu veux. »

Soutenu par cette nouvelle force qui l'avait incité à crier, l'oiseau transcenda la peur qui le paralysait. Puisant en lui tout ce qui lui restait d'énergie, il s'élança vers la main tendue. Le vieux géant aux yeux d'or l'y enferma, puis il l'emmena jusqu'à sa cabane. Tout le long du chemin, il lui caressa doucement le dos et les ailes, tendrement et simplement. Quand ils arrivèrent à destination, l'oiseau fut placé près de l'oreiller de son sauveteur, qui avait même pris la peine de lui bâtir un nid de fortune. Ils dormirent longtemps.

Durant son sommeil, l'oiseau se rappela ses amis, ces êtres merveilleux qu'il ne reverrait probablement plus jamais. Mais les avait-il d'ailleurs jamais réellement vus? L'artificiel écran de sagesse qu'il avait interposé entre lui et eux n'avait peut-être réussi qu'à lui masquer la réalité. L'oiseau se rendit alors compte que, du haut de son trône, il avait effectivement perdu toute vision réaliste des choses.

À son réveil, le vieil homme expliqua à son invité qu'il devait rester à ses côtés pendant tout l'hiver. Il ajouta qu'au lieu de s'apitoyer sur son sort, il devrait plutôt en profiter pour tenter de découvrir ce qui l'avait entraîné à s'éloigner ainsi des siens.

L'oiseau réapprit à s'écouter, une faculté qu'il avait perdue depuis belle lurette. La même petite voix qui l'avait poussé à lancer ses cris de détresse pendant la tempête, se mit à lui parler chaque fois qu'il acceptait de lui ouvrir son cœur. Au fil des jours, il entendit la voix de la sagesse, celle qui vient du centre de soi, et non de ses connaissances. Quelle découverte!

Après un long hiver passé à redécouvrir les merveilles de son paradis intérieur, l'oiseau désormais transformé vit les premiers signes du printemps faire leur apparition. Le chaud soleil fit fondre à vue d'œil la neige qui, quelques mois plus tôt, l'avait amené dans cette cage dorée.

Le matin de Pâques, le maître des lieux se leva à l'aube afin d'aller recueillir dans un ruisseau voisin l'énergie magique qui descend alors sur la terre. Puis il s'installa à sa fenêtre pour regarder danser l'astre lumineux. Il réveilla alors l'oiseau pour qu'il assiste lui aussi à ce merveilleux spectacle.

« Maintenant que tu as appris qui tu es vraiment, lui dit-il, il est temps que tu retournes là d'où tu viens et que tu repartes à zéro. Plusieurs de tes congénères sont sur le point de commettre la même erreur que toi. Ils ont besoin de savoir ce qui t'est arrivé pour ne pas se faire prendre à leur tour. Peu d'entre eux t'écouteront vraiment. Mais ceux qui t'ouvriront leur cœur comprendront peut-être à temps la sagesse qu'il y a à faire preuve d'humilité. Tu pourras alors redevenir pour eux ce guide que tu as été jadis, et peut-être même te risquer à les conduire dans les pays chauds l'automne prochain. »

Avec des larmes d'or perlant au coin des yeux, le vieux sage prit l'oiseau dans sa grosse main velue, la même qui avait recueilli le volatile quelques mois plus tôt dans la tempête et, avec la même tendresse, il le lança doucement vers l'immensité du ciel. L'oiseau, à sa grande surprise, constata qu'il n'avait rien perdu de son agilité d'antan et qu'il avait recouvré l'usage de ses ailes. Il fit quelques maladroites culbutes, quand même pas si mal réussies pour un oiseau qui avait pris un peu d'embonpoint durant son hibernation forcée, du fait qu'il n'avait pu voler qu'à l'intérieur de soi. Évitant de regarder en arrière, il s'élança impétueusement droit devant lui. Même s'il sentait son maître heureux de le voir reprendre sa liberté, l'oiseau ne put résister au plaisir de faire volte-face et de repasser une dernière fois devant la fenêtre du géant pour le remercier à sa façon. Il exécuta, juste pour lui, quelques voltiges dignes des plus habiles volatiles et termina son petit numéro par un clin d'œil d'oiseau heureux... Après quoi il s'éloigna à jamais.

Dès qu'il eut atteint une certaine hauteur, il remarqua au loin la présence d'une volée d'oiseaux qui venait dans sa direction. « Est-ce possible? » s'écria-t-il. Mais oui, c'étaient bel et bien ses amis qui rentraient de leur périple hivernal. Ceux-ci le croyaient pourtant mort après qu'ils l'eurent vu disparaître durant la terrible tempête de cette nuit d'enfer. Comme il s'était éloigné des autres alors qu'il était en plein vol, chose à ne jamais faire lorsqu'on est un oiseau expérimenté, rien n'avait pu être tenté pour le retrouver.

Avec la rapidité de l'éclair, l'oiseau ragaillardi s'élança à la rencontre de ses compatriotes et, pour la première fois de sa courte existence, il les vit vraiment. Après les salutations d'usage et les coups de bec amicaux, il expliqua brièvement son aventure, puis il alla de lui-même se placer à l'arrière du groupe. Quelle merveilleuse sensation de ne plus se sentir seul, de voir ses « nouveaux » copains devant lui… et non derrière! Dans sa position d'arrière-garde, il put constater à loisir que le voyage avait amélioré le coup d'ailes de ses frères; même leur façon de se déplacer n'était plus la même. Leurs mouvements étaient plus gracieux, et empreints d'une belle maturité!

L'oiseau comprit alors pourquoi ceux qui se croient plus grands que les autres et arrivés au bout de leur route sont si prompts à s'égarer: parce qu'ils ne font plus d'efforts pour grandir un peu plus chaque jour. Il comprit aussi que, même avec toutes les connaissances du monde, on ne peut rien faire de valable ni de durable si on est seul, et que plus on devient grand, plus on doit rester petit!

Faites en sorte que cet oiseau qui veille en vous apprenne lui aussi à écouter sa petite voix afin de parvenir à destination avec les autres; que ceux qui n'entendent pas encore les puissants appels de leur intuition apprennent au moins les leçons à tirer de ce qu'ils considèrent comme des erreurs, mais qui ne sont en réalité que des expériences. Ceux qui reviendront de leur voyage intérieur seront forts de leur découverte et s'éveilleront à leur tour dans la sagesse, comme des petits oiseaux...

La Belette et la Biche

La
Belette
et la Biche

ne petite biche orpheline nommée Tamira cherchait un endroit paisible pour s'installer. Au terme d'un long voyage qui la conduisit à travers tout le pays, elle finit par repérer un bosquet accueillant et fut tentée d'y prendre racine. Dès son entrée dans ce qui allait peut-être devenir son nouvel univers, la frêle biche croisa quelques-uns de ses futurs amis.

Un ours gigantesque, plutôt balourd, leva à peine la tête pour la saluer et il se rendormit aussitôt. Il y eut aussi un hibou, au plumage hirsute, qui laissa échapper quelques « Ouh! Ouh! » éraillés en guise de bienvenue. Le renard, par contre, prit les devants et vint faire la révérence devant la nouvelle venue. Le loup en fit autant, mais, dignité oblige, usa de beaucoup plus de réserve.

Partout où elle passait, Tamira ne trouvait qu'accueil chaleureux. Les rencontres agréables ne cessaient de se multiplier, tant et si bien qu'à la fin de la journée, la biche se retrouva complètement épuisée. Elle se blottit contre l'écorce d'un énorme chêne et s'y endormit aussitôt en s'imprégnant de son énergie.

Au petit matin, une belette à l'allure moqueuse, pour ne pas dire sarcastique, réveilla la biche en feignant de vouloir creuser un trou au pied de l'arbre où celle-ci avait élu domicile.

« Eh! Oh! c'est toi la nouvelle venue, il paraît? » lança assez bruyamment l'intruse.

Tamira ouvrit à demi les yeux et, lorsqu'elle vit cette vieille dame à ses côtés, elle se dit que cette dernière devait sûrement rechercher de la compagnie.

« Qui es-tu? bâilla la biche, quelque peu sur ses gardes.

— Je suis la doyenne de cette forêt, répondit la belette sur un ton cérémonieux. J'en connais tous les habitants et, si tu veux, je peux t'en parler. Tu sais, j'ai tout mon temps et j'aime tellement rendre service... »

À vrai dire, Tamira n'avait pas vraiment le goût d'écouter les ragots de cette belette qui, au premier abord, lui parut être une vieille commère. Contrairement à son interlocutrice, la biche avait beaucoup à faire. Mais, par politesse, elle se résigna à prêter une oreille attentive aux propos de sa nouvelle amie. Celle-ci ne tarda pas à profiter de l'ouverture qui lui était ainsi faite.

« Qui as-tu rencontré jusqu'ici? questionna la belette.

— Un ours très sympathique, répondit en riant Tamira, qui se rappelait la grosse boule de poils qui l'avait accueillie la veille avec un léger mais sincère mouvement de tête.

— Ah! Tu dois parler de Balou, ce grognon paresseux et corpulent qui n'a rien d'autre à faire que de se vautrer dans la nourriture et de dormir pour la digérer. Si j'étais à ta place, je me méfierais de lui, car sous ses airs pacifiques se cache un ogre égoïste qui, au fond, ne pense qu'à lui. »

En entendant ces propos peu élogieux, Tamira se sentit toute retournée. Elle n'aurait jamais cru cela de cet ours aux allures si pacifiques.

« Parle-moi du hibou, veux-tu? demanda la biche, soudainement intéressée par les propos de la vieille belette.

— Ah! celui-là! Je peux bien t'en parler, déclara la commère. Sous ses allures de grand sage, qu'il se plaît d'ailleurs à exhiber comme le ferait un paon avec son plumage, se cache un être profiteur qui aura tôt fait de t'amener à faire tout ce qu'il veut en t'endormant avec ses beaux principes. Méfie-toi de lui si tu ne veux pas tomber sous son charme. Ce hibou est un expert dans l'art de la manipulation.

— J'ai également rencontré un renard, signala la biche, un être charmant qui n'a pas hésité à me faire la...

— ... la révérence, coupa la belette qui jubilait en se tortillant sur ses petites pattes à la seule pensée de pouvoir déverser son venin dans des oreilles aussi pures. Le rusé renard fait ce coup-là à tous les nouveaux venus, ne te fais pas d'illusions là-dessus. Mais le pire, c'est qu'aussitôt que tu auras le dos tourné, il te fera la grimace et se mettra à parler contre toi. Sous ses airs de gentleman se dissimule un exploiteur de première classe. Tu devrais t'en méfier et éviter à tout prix de le fréquenter, ma petite. Je te recommande fortement la prudence si tu rencontres de nouveau ce visage à deux faces. »

Tamira ne savait plus que penser. Dans quel pétrin s'était-elle mise en venant ici? N'eût été de cette gentille belette, elle ne se serait jamais aperçue que tous ces prétendus amis n'étaient que des êtres mesquins et profiteurs.

« Tu n'as sûrement pas pu éviter le loup » reprit de plus belle la belette, tirant la biche de ses pensées profondes.

Tamira baissa les yeux, se sentant presque coupable de répondre par l'affirmative à cette question piège. Elle se demanda ce que cet animal charmant et plutôt réservé qui avait, lui aussi, su gagner sa sympathie avait bien pu faire de répréhensible.

« Sous ses airs charmeurs, expliqua la commère, le loup cherche toujours une proie facile. Il l'aura d'abord mise en confiance par sa bonhomie, et l'attrapera ensuite pour la dévorer sans l'ombre d'un scrupule. Sois très vigilante devant cette tendresse affectée, car, derrière elle, se cache un cœur de pierre. Mais je t'en ai assez dit pour aujourd'hui, conclut la belette encore tout excitée de cette heureuse rencontre. Je ne voudrais surtout pas trop t'influencer... »

D'un pas lourdaud et maladroit, elle se dirigea clopin-clopant vers sa tanière. Elle devait sûrement y vivre seule, songea un instant Tamira, encore étourdie par ces révélations chocs qui l'avaient mise dans tous ses états.

Les jours suivants, la petite biche influençable fit tout en son pouvoir pour éviter de rencontrer à nouveau la belette aux mille jugements. Mais elle ne put toutefois s'empêcher de voir les habitants de la forêt d'un tout autre œil, méfiant et distant cette fois-ci. Et si la belette disait vrai! Il n'y avait pas de risques à prendre. La biche évita donc de croiser le chemin de l'ours, du hibou, du renard et du loup, empruntant des sentiers secondaires où elle était sûre de ne pas les rencontrer.

Entre-temps, Tamira s'était liée d'amitié avec un magnifique geai bleu qui venait se percher régulièrement sur la cime de l'arbre au pieds duquel elle s'était réfugiée. La biche devint rapidement sa confidente. Un jour, Tamira lui raconta la conversation qu'elle avait eue avec la belette bavarde. L'oiseau d'azur ne put s'empêcher de s'esclaffer en faisant entendre un retentissant éclat de rire.

« Ah! je vois, dit le majestueux volatile. J'ai rencontré cette dame à la verve intarissable dès mon arrivée dans ce bosquet. Et, comme toi, je me suis laissé influencer par l'opinion qu'elle émettait sur les autres animaux de la forêt. J'en ai été tellement décontenancé que j'en étais arrivé à vouloir quitter cet endroit de malheur qui m'était dénigré avec tant de véhémence. Une fois l'émotion passée, j'ai toutefois décidé de me faire ma propre idée là-dessus au lieu de tomber dans le jugement facile. Je me suis aperçu très tôt que les monstres décrits par la belette étaient en réalité... les siens, ces parties sombres d'elle-même qu'elle n'osait pas reconnaître, encore moins assumer. Certes, j'ai constaté par la suite qu'elle ne jugeait pas par méchanceté, seulement par ignorance. Mais le mal était fait.

— Tu veux dire, hasarda la biche étonnée, que la belette se décrivait elle-même lorsqu'elle parlait des animaux qu'elle se plaisait à décrier?

— Exactement! sourit le geai bleu. Elle réagit comme si ces bêtes étaient des miroirs reflétant ses côtés les plus voilés, qu'elle ne voit évidemment pas. Mais ça, c'est son problème.

— Elle m'a donc délibérément menti, s'indigna Tamira, en affectant un air vexé.

— Mais non, reprit l'oiseau. Ne va pas la juger à ton tour. La belette t'a exprimé SA vérité, ce qu'elle croyait sincèrement être vrai dans le monde imaginaire où elle vit. Mais, comme la vérité varie constamment d'un individu à l'autre, selon les croyances et préjugés de chacun, il devient hasardeux de se fier entièrement aux opinions des autres sans avoir préalablement pris le temps d'analyser la situation, tu comprends? »

La biche remua la tête en signe d'approbation. À ce moment, de légers craquements de branches vinrent briser le doux silence qui s'était installé dans la clairière. Les yeux de Tamira se tournèrent brusquement vers l'endroit d'où provenaient ces bruits. Comme si un appel invisible avait été lancé, l'ours s'avança, suivi du renard, du loup et du hibou. Tamira ne put retenir un mouvement instinctif de recul, mais elle se reprit aussitôt en croisant le regard compatissant et paisible de son ami le geai bleu.

L'ours fut le premier à s'approcher. Il déposa aux pieds de la biche une réserve importante de baies diverses qu'il avait cueillies juste pour elle.

Après quoi le renard fit son habituelle révérence et réitéra son offre d'amitié sincère. Quant au loup, il se tenait un peu à l'écart et scruta les environs avec soin. Il ne prononça aucune parole, mais son franc regard parlait pour lui. Il offrit à la biche fragile toute la protection dont elle pourrait éventuellement avoir besoin. À son attitude, Tamira sut tout de suite qu'elle pourrait toujours compter sur lui. Vint le tour du hibou. Il se posa maladroitement aux côtés du geai bleu, puis il ouvrit toutes grandes ses ailes en offrant à Tamira la totalité de sa sagesse. Et l'offre était valable pour toute heure du jour ou de la nuit.

Le cœur de la biche ressentait très fortement l'authenticité de ces êtres merveilleux dont elle avait osé douter de l'honnêteté. Elle décida donc de leur faire confiance et de ne plus jamais adopter aveuglément les croyances et les jugements des autres. Car, la plupart du temps, ceux-ci sont des interprétations biaisées de la réalité.

Et la fête débuta entre les nouveaux amis, sous le regard furtif et méfiant de la vieille belette qui se terrait tout près de là. Déjà elle cherchait des torts à la petite biche qui, selon elle, était probablement en train de la trahir, car il y avait sûrement anguille sous roche...

La Goutte... de Mer

La Goutte...
de Mer

l était une fois une petite goutte d'eau intrépide qui avait réussi à s'extirper d'un immense nuage dont elle était prisonnière depuis très longtemps. Sa descente sur la terre fut une réelle libération pour elle. Dès qu'elle toucha le sol, elle fut accueillie par un magnifique ruisseau qui la prit en charge. Il se fit un devoir de la transporter au gré de son courant tout en la chérissant pour qu'elle s'y sente plus à l'aise. Ah! que la vie était facile pour la minuscule goutte tombée du ciel! Elle n'avait plus qu'à se laisser diriger par le mouvement de l'eau et par les fées du ruisseau, en qui elle avait mis toute sa confiance.

Jour et nuit, les fées l'accompagnaient dans son périple, lui enseignant tout ce qu'elle devait savoir sur son nouvel habitat. Elles l'incitèrent, entre autres, à se tenir continuellement dans le sens du courant, l'avertirent de ne jamais tenter de franchir les frontières du ruisseau, car au-delà, prétendaient-elles, il n'y avait que néant et illusions trompeuses.

La petite goutte se prélassa donc un long moment dans ce cours d'eau si accueillant. Elle s'y laissait paresseusement ballotter, sans même penser qu'elle pourrait un jour emprunter une nouvelle route. De toute façon, les fées ne lui avaient-elles pas dit que ce ruisseau était au bout de l'univers?

Mais vint un jour où la valeureuse goutte se sentit un peu à l'étroit dans ce plan d'eau où elle avait élu domicile. Même qu'elle commençait à se complaire dans l'état de stagnation où elle s'enfonçait de plus en plus. Il devait bien exister autre chose au-delà de ce cours d'eau, se répétait-elle, au grand désespoir des fées des lieux, qui pouvaient lire dans ses pensées. Comme elle avait le goût inné de l'aventure, elle eut l'idée d'aller explorer des mondes inconnus. Malgré la désapprobation de ses maîtres à penser et leurs menaces à peine voilées, la petite goutte d'eau décida de passer outre à leurs édits et de franchir les trop sécurisantes frontières de son ruisseau.

Elle se retrouva en train de naviguer dans une rivière tumultueuse et, oh! combien plus gigantesque que ce qu'elle venait de quitter sans remords! Ce nouvel univers l'accueillit les bras grands ouverts. « Enfin, je peux respirer plus librement », fit la petite goutte d'eau pénétrant dans cet espace tout neuf qui s'ouvrait à elle et qui devait sûrement être, ce fameux *tout* tant recherché! L'immensité des lieux fit en sorte que la vie prit un tout autre sens pour elle.

Elle se mit en frais de visiter son nouvel environnement et le parcourut de long en large en compagnie des fées de la rivière, qui l'escortèrent tout au long de son expédition. Elles eurent tôt fait de convaincre leur nouvelle protégée que cette fois, elle avait bien atteint son but. Elles expliquèrent qu'au-delà des rives de ce cours d'eau, il n'y avait que néant et illusions trompeuses. Elle ne devait d'ailleurs jamais tenter d'en franchir les frontières. La rivière n'avait-elle pas tout ce qu'il fallait pour rendre un être heureux? Pourquoi irait-elle chercher plus loin? Telle était l'argumentation qui venait appuyer l'interdit de sortie.

Au début, la petite goutte suivit docilement les recommandations de ses fées accompagnatrices. Elle évita surtout de poser des questions sur l'éventuelle existence d'un autre univers, un univers encore plus grand, situé au-delà de celui qu'elle connaissait. Mais, vous devez bien vous en douter, l'insatiable curiosité de notre amie eut le dessus. Elle remit en question les vérités enseignées par ses nouveaux maîtres et défia leur interdiction. Elle finit par franchir les frontières de la rivière, au grand désespoir de ses initiatrices. Car celles-ci croyaient fermement et sincèrement que, ce faisant, elle allait directement à sa perte.

Mais tel ne fut pas le cas. Aussitôt échappée de la rivière, la vaillante gouttelette rencontra le fleuve majestueux. Et là, laissez-moi vous dire qu'elle n'en croyait vraiment pas ses yeux! Elle avait beau regarder à gauche et à droite, elle pouvait à peine apercevoir les rives qui dessinaient l'horizon de minces lignes toutes floues. « Enfin, voilà l'univers! s'exclama la goutte. Serais-je enfin arrivée à destination? » Et, comme elle le faisait à chaque nouveau changement de cap, elle commença à explorer les lieux. C'est à ce moment qu'elle se rendit compte que plus ce à quoi elle avait accès était grand, plus elle ressentait sa petitesse. Quelle sagesse elle était en train d'acquérir!

Dans ce fleuve aux dimensions presque illimitées, elle pouvait parcourir de grands espaces sans jamais revenir sur ses pas, ni revoir les mêmes paysages. Et, comme elle l'avait fait auparavant, elle suivit sagement et sans dévier le courant de la vie qui, d'ailleurs, l'avait parfaitement guidée jusqu'à maintenant. Les fées du fleuve l'avaient prise en charge en amont en l'assurant que, cette fois, elle trouverait le repos tant attendu. Mais elles prirent bien soin de lui spécifier qu'aux confins de ces eaux, il n'y avait que néant et illusions trompeuses. Il était donc inutile de chercher ailleurs, avaient-elle insisté avec le même acharnement qu'avaient montré leurs consœurs du ruisseau et de la rivière. Mais, forte de son expérience, la goutte d'eau fit la sourde oreille. Elle avait en effet décidé de ne plus souscrire aveuglément aux limites tracées par les autres.

Tant et si bien qu'après avoir tiré tout ce qu'elle pouvait de cet auguste fleuve aux mille merveilles, la gouttelette se laissa glisser en toute confiance vers l'aval, sans ressentir aucune culpabilité. La tête haute, elle franchit les frontières interdites et se retrouva dans la mer. Et là, à sa grande surprise, personne ne vint l'accueillir, et personne ne lui imposa quelque loi ou croyance que ce soit. Aucune règle, aucun dogme, aucune menace, aucune peur et aucune allusion à un quelconque néant ou à d'éventuelles illusions trompeuses.

La petite goutte avait acquis une foule de connaissances dans les cours d'eau où elle avait séjourné. Elle les avait expérimentées les unes après les autres, en passant successivement du ruisseau à la rivière, de la rivière au fleuve, puis du fleuve à la mer infinie. Elle méritait donc de goûter enfin à la véritable sagesse qui, selon toute vraisemblance, consistait à se trouver heureuse en toute situation et en tout endroit où la vie la conduirait.

Désormais libérée de toute limitation et affranchie des mille et un interdits qui avaient jalonné son parcours, la petite goutte voyageuse se laissa emporter au gré de son intuition dans l'univers divin où elle avait pénétré. Son insatiable soif d'apprendre l'amena à découvrir beaucoup d'autres choses, mais elle ne gardait que ce qui pouvait ajouter un grain de bonheur à son existence.

À un certain moment, sans savoir pourquoi, elle s'immobilisa et tomba en extase devant cette mer qui, le plus simplement du monde, l'avait accueillie en son sein. Elle la contempla avec gratitude et se fondit dans son immensité en abandonnant sa personnalité de goutte d'eau. Elle était enfin devenue la mer...

Chaque cours d'eau qui l'avait accueillie depuis son arrivée sur la terre l'avait, à sa façon, dirigée vers cet instant de félicité. La petite goutte avait exploré patiemment chaque plan d'eau en bénéficiant des richesses inhérentes à chacun, mais en ayant la sagesse d'en rejeter les limitations. Elle ne s'était pas contentée d'atteindre son rêve; elle s'était permis de devenir ce rêve...

Les Deux Complices de Dieu

Les Deux Complices de Dieu

ieu, dans son immense bonté, décida un jour d'envoyer sur la terre deux de ses plus grands sages afin d'élever le niveau d'évolution de ses habitants. Car il avait remarqué que celui-ci cherchait à stagner depuis quelques siècles. Flattés de la confiance que leur manifestait ainsi leur grand patron, les deux compères acceptèrent avec enthousiasme et sans hésiter leur nouvelle assignation. Ils s'incarnèrent donc sur cette bonne vieille planète bleue qu'ils avaient d'ailleurs habitée à plusieurs reprises, il faut bien le dire.

Les envoyés du Créateur furent rapidement reconnus pour leur sagesse et devinrent des chefs religieux très courus et appréciés pour leurs qualités. Ils furent ainsi amenés à parcourir le monde pour prodiguer leur savoir à qui voulait bien en bénéficier. Quoique présenté dans un langage différent, selon la religion qu'ils prônaient, leur message était toujours semblable quant au fond. Seule la forme variait.

Ainsi s'écoulèrent plusieurs années terrestres à tenter de hausser le niveau de conscience planétaire. Les deux messagers, qui avaient atteint un âge très avancé finirent par mourir, après avoir merveilleusement accompli leur mission respective.

Nos deux sages se retrouvèrent ainsi à la porte du paradis, heureux de rentrer chez eux après un si long mandat. Le premier à se présenter était joyeux et serein, et tout débordant de vie, comme si son séjour terrestre n'avait laissé aucune trace de fatigue sur lui. Le second, par contre, arriva le dos courbé et la mine déconfite. On aurait juré qu'il venait de purger une sentence de travaux forcés dans une prison sibérienne tant il semblait fourbu.

« Ah! s'exclama le sage joyeux, quelle belle aventure vient de se terminer pour moi! J'ai tellement aimé l'expérience que je serais prêt à recommencer.

— Ouf! soupira péniblement son confrère. Laisse-moi te dire que, dans mon cas, de longues vacances me feront le plus grand bien. J'ai été tellement critiqué en bas que les oreilles m'en bourdonnent encore! Je ne suis pas près de reprendre un tel contrat de sitôt! »

Dieu, qui passait par là — ah! ce don qu'il a d'être partout, celui-là… —, entendit évidemment la conversation de ses deux protégés. Il se hâta donc d'aller les accueillir à la porte du paradis.

« Déjà de retour! s'exclama le maître des lieux en arborant son irrésistible sourire divin. J'ai suivi vos pas jour après jour et j'ai pu constater que vous avez fait du bon boulot. Je peux aussi vous confirmer que, tel que je l'avais prévu, vous avez réussi à hausser le taux de vibration de cette bonne vieille terre qui, comme vous le savez, est l'un de mes joyaux les plus précieux. Maintenant, j'ai hâte de vous entendre. Comment avez-vous trouvé votre voyage? »

Le sage aux traits tirés prit la parole le premier. Il ne mâcha pas ses mots pour faire part de ses doléances à son grand patron. Tout au long du récit, celui-ci n'arrêta pas de lui montrer des signes de compassion. Lorsqu'il eut terminé, Dieu prit son languissant protégé par surprise en lui lançant:

« Les choses devaient se passer ainsi, tu dois bien en convenir. »

Le sage au dos courbé hocha la tête en signe d'approbation, soucieux de ne pas contredire son maître. Avait-il le choix?

« Si tu as été à ce point critiqué et jugé durant ton séjour sur la terre, continua Dieu, c'est que la religion que tu enseignais prônait l'exclusion, l'intolérance et le jugement.

— Hé, Dieu! coupa sèchement le sage. Avec tout le respect que je Vous dois, je voudrais bien savoir comment vous pouvez me dire de telles choses, à moi qui ai dédié ma vie entière à prêcher Votre amour et Votre justice en ce bas monde? Je n'ai peut-être pas toujours été un modèle parfait de tolérance, mais... »

Dieu sourit dans sa barbe — car il en porte véritablement une — et rassura son interlocuteur en lui tapotant gentiment le dos de sa main divine.

« Comprends-moi bien, reprit Dieu. Je veux que tu saches que tu as dignement accompli ta mission et que tu l'as fait de ton mieux. Tu as joué ton rôle à la perfection, et de cela, je te serai toujours reconnaissant. »

Rassuré, le vieux sage releva quelque peu ses épaules voûtées.

« Lorsque tu étais sur la terre, enchaîna le Grand Patron sans laisser transparaître aucune intention de représailles, n'affirmais-tu pas à tes ouailles que tu détenais la Vérité? Et ne leur as-tu pas signalé que s'ils ne suivaient pas les préceptes de ta religion, ils auraient de fortes chances d'être exclus du paradis?

— Bien sûr! admit le sage, car c'était le seul moyen que je connaissais pour les inciter à évo-

luer plus rapidement et pour leur éviter les embûches associées à une trop grande liberté.

— Tu admettras alors que, d'une certaine
façon, tu poussais tes disciples à l'intolérance, car
tu essayais de les convaincre que la voie sur
laquelle ils cheminaient avec toi était la seule et
unique pouvant les mener à Moi. »

Pensif, le sage hochait la tête à chaque argument divin.

« Je les aimais tellement, avoua-t-il, que je ne
voulais pas qu'ils s'égarent en cours de route.

— Loin de moi l'idée de te juger, insista la voix
divine. Je veux juste que tu te rendes compte qu'en
les menaçant de réprimandes sévères s'ils ne te
suivaient pas aveuglément, tu semais en eux le
germe du jugement vis-à-vis des gens de croyances différentes.

— Tu as sûrement raison, admit de nouveau le
sage, qui était ainsi mis à rude épreuve. Mais, à
mon corps défendant, je dois signaler que j'ai toujours enseigné ces règles de vie en ayant l'amour
comme motif.

— Je n'en doute pas une seconde, reconnut
Dieu, au grand soulagement de son interlocuteur,
qui n'arrivait pas à masquer une certaine culpabilité, du fait qu'il n'avait pas été tout à fait à la hauteur. Les disciples que tu attirais avaient besoin de
ta poigne de fer et de tes édits dogmatiques pour

avancer vers Moi. J'en suis très conscient, sinon ils ne t'auraient pas adulé comme ils l'ont fait et ils ne t'auraient pas non plus élevé au plus haut rang de leur hiérarchie religieuse. Toutefois, et c'est là le point où je veux en venir, lorsqu'on prône des valeurs aussi admirables que les tiennes à travers l'exclusion, l'intolérance et le jugement, on peut facilement concevoir que ces mêmes limitations se retrouvent également chez ses détracteurs. Et c'est exactement ce qui t'est arrivé et qui a causé tout ce brouhaha au long de ton règne.

« Chaque religion a ses façons à elle d'inculquer ses principes, et je serais bien mal venu de les juger, car c'est moi qui les ai créées. La philosophie dont s'inspirait ton confrère — l'autre sage déploya alors un large sourire, heureux qu'on parle enfin de lui — prônait exactement les mêmes valeurs de base que toi. Par contre, les méthodes d'enseignement qu'il utilisait étaient soutenues par l'universalité, la tolérance et le non-jugement... Et, tu me vois sûrement venir, c'est ce qu'il a automatiquement reçu en retour.

« Il prêchait ouvertement que tous les habitants de la Terre étaient des enfants de Dieu à part entière, quelles que soient leur religion ou leurs croyances spirituelles. Et il les assurait qu'ils seraient tous sauvés, pour utiliser tes propres termes, s'ils agissaient de leur mieux, et dans le respect des autres. Il concluait finalement que personne n'était mauvais en soi puisque issu de

Moi, et que personne ne serait jugé s'il ne le faisait pas lui-même.

— Mais qui de nous deux avait donc raison? questionna le sage aux épaules courbées, en se doutant bien un peu de la réponse, mais désireux de l'entendre de la bouche même de Dieu pour pouvoir s'en imprégner.

— Les deux, évidemment, répondit Dieu. Pour tout instructeur digne de ce titre, ce n'est pas la manière d'enseigner qui importe, puisque chaque individu a son propre système de compréhension, mais plutôt les résultats obtenus. Si tu veux, conclut le Saint Patron avec humour, la prochaine fois, je vais vous changer de classe. »

Les deux compères rirent de bon cœur en entendant cette suggestion pour le moins originale. Ils purent ainsi goûter à des vacances bien méritées jusqu'à ce qu'un autre mandat leur soit proposé.

Chacun d'entre nous est appelé à devenir un jour ou l'autre un complice de Dieu. Quand vous vous en croirez digne, peut-être recevrez-vous, à votre tour, une quelconque mission, aussi ordinaire qu'elle puisse paraître. D'ici là, contentez-vous d'être le plus heureux possible et de faire preuve de respect et de tolérance envers tout ce qui est différent de votre vérité...

L'Étoile de Bérénice

L'Étoile
de Bérénice

C'était une nuit claire comme on a rarement la chance d'en voir. Une myriade d'étoiles profita de cette luminosité pour descendre sur la terre et remplir le cœur de ses habitants qui étaient à la recherche du bonheur. Comme le hasard fait bien les choses, une merveilleuse petite fille naquit à ce moment précis. Le bébé qui fut appelé Bérénice, reçut en cadeau l'une de ces étoiles magiques, qui lui fut insufflée dès sa première respiration. En réalité, il s'agissait là d'un talent que Dieu lui envoyait, comme il le fait d'ailleurs avec chaque humain, pour qu'elle le développe tout au long de sa vie.

Ce matin-là donc, Bérénice hérita de l'étoile de la poésie, laquelle devait lui ouvrir les portes de l'écriture. À ce qu'on dit, chaque bébé reçoit au moins un don à sa naissance. Celui-ci doit être reconnu et développé, sinon il tombera dans les méandres de l'oubli et s'éteindra avec les années.

Dès le moment où elle sut tenir un crayon, Bérénice commença instinctivement à griffonner en faisant preuve d'un doigté remarquable! L'étincelle de son étoile s'exprima très tôt par sa plume, qu'elle apprit d'ailleurs à manier avec justesse, humour et simplicité. Au fil des jours, ce talent naturel se développa de lui-même, jusqu'à cette fameuse journée qui allait marquer la destinée de la jeune fille pour des dizaines d'années à venir...

Au cours de l'une de ses classes de français, madame Clarina, le professeur de littérature, demanda à ses élèves de rédiger un texte sur un sujet de leur choix. La jeune fille sentit alors son étoile natale animer ses doigts. D'un seul trait, elle composa un poème de son cru et le remit fièrement à son professeur. Malgré ses admirables talents en grammaire et orthographe, ironiquement, madame Clarina ne comprenait absolument rien à la poésie; par conséquent, elle ne savait pas l'apprécier à sa juste valeur.

Le lendemain, bouillant d'impatience, Bérénice attendait sa note assise sur le bout de sa chaise; mais une surprise de taille l'attendait. Arborant un petit air méprisant, la mégère annonça en effet à toute la classe qu'elle allait leur donner un exemple parfait de ce qu'il ne fallait pas faire! Saisissant le chef-d'œuvre méconnu de Bérénice, elle se mit à le réciter d'une voix sarcastique, pour ne pas dire méchante. Influencés par l'opinion implacable de leur professeur, les élèves accueillirent le poème par une vague de rires moqueurs qui déferla sur la classe et l'envahit rapidement.

Des larmes plein les yeux, Bérénice ressentait les éclats de rire comme autant de coups de couteau plantés dans son cœur. Jusque-là, elle n'avait pas douté une seule seconde de son talent, ses parents non plus d'ailleurs. Mais son monde fabuleux s'était écroulé en quelques instants, victime des moqueries de ses camarades de classe. Bérénice résolut dès lors de renier son étincelle et de ne plus jamais écrire de poèmes de toute sa vie. Cette promesse, elle sut la tenir contre toute attente, à l'encontre de son âme, qui lui enjoignait en vain de laisser à nouveau scintiller son étoile.

Ayant constamment à l'esprit les railleries qui l'avait frappée ce matin-là en pleine figure, Bérénice perdit progressivement le goût pour toute forme d'écriture. Son talent agonisant ne lui permettait même plus d'écrire la moindre petite missive, et elle devait demander à ses amis de les rédiger pour elle. Le seul élément qu'elle avait retenu de sa mésaventure, c'est qu'elle était un cancre en littérature, et le pire dans tout cela, c'est qu'elle l'avait cru.

Les années passèrent, et madame Clarina, après avoir réorienté sa carrière, par manque de motivation, mourut. Alors qu'elle traversait la voûte céleste et amorçait son odyssée vers le paradis, une étoile très brillante qui avait attiré son attention l'interpella. Après les présentations d'usage, l'astre lumineux demanda à l'âme alors en pleine ascension, de retourner une dernière fois sur la terre afin de rallumer chez l'une de ses anciennes élèves une certaine étincelle dont elle avait depuis longtemps perdu le souvenir.

Acceptant avec joie de rebrousser chemin afin de mener à bien cette dernière mission, l'âme de madame Clarina fut immédiatement conduite dans la chambre de Bérénice, qui dormait à poings fermés. Son frêle corps de lumière, qui flottait au-dessus de la jeune fille, s'avança aussitôt vers celle qui avait été son ancienne institutrice. Elle ne l'avait pas oubliée... et pour cause!

« Bonjour Clarina, lança l'âme de la rêveuse.

— Mais, je me souviens de toi maintenant, rétorqua l'âme de la visiteuse, hébétée et émue devant cette rencontre inespérée. N'es-tu pas Bérénice, l'élève si talentueuse que j'ai tant aimée jadis?

— J'ai dû mal comprendre, reprit assez sèchement la petite âme. Tu as bien dit *aimée*? Je suis obligée de te croire sur parole, car, dans ce monde de l'âme où nous nous trouvons, le mensonge est inexistant. Mais j'aimerais bien avoir des explications à ce sujet. Il est primordial pour moi que tu saches que, lorsque tu t'es moquée avec tant de cruauté du plus merveilleux poème que m'ait inspiré mon étoile de naissance, j'ai ensuite entouré mon talent d'écrivain d'un voile opaque, qui s'y trouve encore d'ailleurs. »

Ne sachant plus trop que penser de cette histoire, Clarina demeura impassible. L'événement en question — qui n'avait été pour elle qu'un cas banal et isolé — revenait lentement à sa mémoire.

« Tu as raison, Bérénice, rétorqua la vieille dame. Je me rappelle maintenant. Lorsque je me suis moquée de ton merveilleux poème — et elle insista sur ce dernier qualificatif —, c'est à ma propre frustration que je m'en prenais alors. Tu serais sûrement surprise d'apprendre que depuis ma plus tendre enfance, mon rêve le plus cher était de devenir un jour poète. Mais je n'en n'avais, hélas! ni le talent, ni l'étoffe. Ce n'est pas l'étoile dont je rêvais que j'ai reçue à ma naissance, mais celle de la peinture, que j'ai découverte beaucoup plus tard.

« À cette période de ma vie, ma frustration était à son comble. Comme ton incomparable talent me rendait furieuse, ma seule défense était la raillerie. Mais si tu savais, cher ange, combien je t'admirais au plus profond de moi! Mais mon ravissement se traduisait par la jalousie, le seul sentiment que je savais exprimer à cette époque. De plus, comme j'avais toujours refoulé mes émotions, je n'arrivais pas à croire que les autres puissent en ressentir. »

L'âme de Bérénice écoutait attentivement les explications. En aucun moment, elle ne fut tentée de douter de leur véracité. D'une certaine façon, cet être détestable avait détruit sa vie et provoqué toute cette haine à son égard. Et voilà qu'elle se jetait maintenant à ses pieds comme une petite fille, en lui disant en plus toute son admiration! Quel retournement de situation incroyable!

Se rapprochant alors de son ex-élève, la vieille dame déclara d'un ton solennel:

« Chère Bérénice, je te demande sincèrement pardon pour ces années de destruction que je t'ai fait subir à cause de mon ignorance. Si j'avais su... si j'avais su! Tu as maintenant tout mon soutien pour retrouver ton pouvoir et redécouvrir ton étoile natale. Et je veux que tu me promettes de ne plus jamais laisser personne l'éteindre. Par conséquent, il ne faut plus que tu doutes de toi! Si tu m'accordes ton pardon, et que tu fais vibrer ton âme à nouveau, tu permettras à la mienne de poursuivre sa route. »

Bérénice se colla à son ancien professeur jusqu'à se fondre en elle, lui accordant ainsi son entière miséricorde. Après quoi, elle s'éveilla et s'empressa de noter avec précision, et en des termes remarquables, ce qu'elle venait de vivre. Elle en fit même un poème qui ralluma son étincelle.

Au même moment, une âme devenue toute légère monta vers le ciel. Chemin faisant, elle rencontra l'étoile qui lui avait dicté sa précieuse mission. Celle-ci ne l'interpella pas. Elle lui fit plutôt un mirobolant clin d'œil qui semblait vouloir dire:

« Mission accomplie! Et à bientôt peut-être... »

La Montagne de l'Être

La Montagne de l'Être

elipe était un être dont le cheminement spirituel n'avait pas eu de répit depuis son tout jeune âge. Cet homme d'action avait toujours été poussé par une force invisible qui l'incitait à se connaître davantage, à scruter jusque dans leurs moindres détails les multiples secrets de l'univers. Et tout ça à une allure si folle et à un rythme si effréné qu'il en étourdissait son entourage. « Je n'ai pas de temps à perdre », était le slogan fétiche qu'il scandait fièrement à quiconque osait lui conseiller de se reposer et de profiter davantage de la vie.

À le voir aller avec autant de précipitation, on avait l'impression d'un homme qui vient d'apprendre qu'il ne lui reste que peu de temps à vivre et qui veut profiter de chacun de ses instants de sursis pour étancher sa soif de connaître. Dans son patelin, on l'avait d'ailleurs surnommé à juste titre « l'encyclopédie-bibliothèque ».

Mais vint un jour où la bibliothèque intérieure de Felipe regorgea tellement de connaissances qu'il devint impossible d'y ajouter quoi que ce soit. Felipe dut donc interrompre sa quête de savoir et, par la force des choses, il fut obligé de passer à l'étape cruciale de l'expérimentation. Sa nouvelle orientation lui fut confirmée au cours d'une méditation, alors que montèrent à sa conscience ces simples paroles: « Lorsque tu sauras gravir la montagne de ton être avec constance et sagesse, tu auras conquis ton propre univers! »

Belle phrase! se dit le jeune chercheur de vérité une fois revenu dans le monde réel. *Mais quelle est la signification de ces propos? Il faudrait d'abord que je sache où se trouve cette montagne pour que je puisse au moins l'examiner un peu avant de l'escalader. Et comment cette ascension pourrait-elle m'aider à cheminer intérieurement?*

La perspicacité de Felipe n'avait d'égale que sa foi absolue en sa bonne étoile. Il avait toujours eu le don d'attirer à lui toutes les réponses dont il avait besoin, et de les recevoir en temps voulu. Admirablement soutenu par sa détermination hors du commun, Felipe se mit à scruter toutes les cartes du monde pour trouver cette fameuse montagne de l'être. Il ne trouva aucune élévation portant ce drôle de nom, mais il n'allait pas abandonner pour autant. Il fit même appel aux plus grands alpinistes de la planète, mais sa démarche demeura vaine. Personne ne pouvait lui dire quoi que ce soit sur cette mystérieuse montagne, et personne n'en avait jamais entendu parler. Pour la première fois de sa vie, Felipe s'apprêtait à abdiquer, quand il rencontra, comme par hasard et juste au bon moment, un étrange personnage, une sorte de sage d'origine africaine du nom de Matari, qui croisait sa route.

« Mais oui, je connais ce pic, déclara sans hésitation ce mystérieux maître au teint basané. Je m'y rend justement dans quelque temps pour en faire l'escalade en compagnie de quelques-uns de mes plus fidèles disciples. Si tu veux te joindre à nous, tu es le bienvenu. »

Bien que perplexe, Felipe ne put refuser l'invitation, car il était poussé par sa curiosité proverbiale et son insatiable besoin d'apprendre. Quelques semaines plus tard, il se retrouva donc avec Matari et ses amis au pied d'une montagne superbe en plein cœur de l'Afrique. Avant d'entreprendre l'escalade, leur guide noir avait fait ses recommandations.

« Nous sommes ici au point le plus bas de la montagne de notre être. Ceux qui réussiront à en atteindre le sommet découvriront en même temps leur propre univers. Mais, pour cela, il vous faut suivre mes consignes à la lettre. Elles peuvent se résumer ainsi: Gardez toujours le même rythme tout au long de votre périple, que le terrain soit plat, en pente ascendante ou en pente descendante. En agissant ainsi, la fatigue ne vous atteindra pas, et vous parviendrez à vos fins.

— Ce n'est pas plus compliqué que ça? marmonna Felipe, qui croyait que cette ascension de quatre jours serait parsemée d'embûches et jalonnée d'initiations diverses, ainsi qu'il l'avait lu dans les récits de certains grands mystiques. Si ce prétendu maître croit que je n'ai que ça à faire, de marcher lentement et en conservant le même rythme pendant des jours, il se trompe. Il n'a peut-être pas compris que je n'ai pas de temps à perdre, moi! »

N'écoutant que son impérieux désir d'arriver le premier, le jeune homme oublia rapidement la consigne de la constance. Sous le regard amusé de Matari, il se précipita avec fougue en tête du peloton afin de prendre les devants et de laisser ses compagnons derrière. *Pourquoi devrais-je marcher lentement quand le terrain est plat ou légèrement ascendant?* se répétait-il en silence, comme pour excuser son indiscipline. *Quelle idée saugrenue!* Il allait leur montrer de quelle étoffe il était fait. Il n'en était plus aux débuts de son cheminement spirituel.

Il s'élança donc allègrement sur le sentier qui serpentait dans la montagne, adoptant le pas de course lorsque la pente n'était pas trop abrupte et ralentissant un peu dans les passes plus escarpées, histoire de reprendre son souffle. Les autres alpinistes, à l'arrière, suivaient docilement leur maître-guide, en maintenant religieusement leur rythme de départ. *Quelle belle horde de moutons!* pensait Felipe.

Vers quinze heures, ce qui devait arriver arriva. Alors qu'il se trouvait à mi-chemin du premier relais où ils devaient tous passer la nuit, Felipe s'écroula de fatigue. À bout de souffle, le jeune loup épuisé n'eut d'autre choix que de s'allonger dans le sentier désert et d'attendre l'arrivée de ses compagnons le cœur battant. Ceux-ci, frais et dispos, gambadaient un peu plus bas tout en sifflant et en s'émerveillant des paysages pittoresques qui s'offraient à leurs yeux.

Felipe n'avait rien vu de tout cela... du moins, il ne s'en souvenait pas. Il avait préféré filer à vive allure afin de parcourir la distance en un temps record, avec l'espoir inavoué de se présenter en vainqueur devant la horde des retardataires et de se reposer plus longtemps. La course à la performance avait fermé ses yeux d'enfant depuis longtemps.

Felipe avait l'habitude de mettre les bouchées doubles dans tout ce qu'il entreprenait, et en particulier dans le domaine du cheminement spirituel. Il se retrouvait chaque fois complètement démuni. Épuisé par sa course effrénée à la connaissance, miné par l'usure de son corps et de son âme, il était obligé de s'arrêter pour ne pas se perdre à tout jamais dans ses délires mystiques. C'était toujours le même scénario, et le même dénouement. Il se voyait forcé de laisser derrière lui la plupart de ses amis, qui ne pouvaient le suivre dans ses élans de croissance et qu'il tentait constamment de surpasser par son savoir.

Et il était maintenant là, écrasé sous le poids de son havresac qui, tel un boulet de prisonnier, le retenait au sol malgré lui. Pour la première fois de sa vie, Felipe avait conscience de l'aspect égocentrique et outrecuidant de sa personnalité. Et il avait fallu cette montagne du bout du monde pour le lui faire voir. Mais le soleil tapait dur, et Felipe finit par s'endormir, un sourire ironique accroché au coin des lèvres.

Sur ces entrefaites, Matari arriva en sifflotant avec sa joyeuse bande de gaillards. Ceux-ci aidèrent leur copain à se relever et à reprendre la route. Clopin-clopant, Felipe parcourut ainsi les plus longs kilomètres de toute sa vie, soutenu de part et d'autre par ceux-là mêmes qu'il avait tellement dénigrés quelques heures plus tôt. C'est ainsi que le rebelle récalcitrant arriva avec ses compagnons et leur maître, à la petite cabane de bois rond qui allait leur servir de gîte pour la nuit.

Felipe fut déposé par ses camarades, comme un vieux chiffon, sur un lit de fortune, d'où il ne se releva que le lendemain matin. Ses amis, eux, purent prendre tout le temps et se permirent même d'assister au plus beau coucher de soleil de toute leur vie. Après quoi, ils dégustèrent un succulent repas, rythmé par les ronflements sonores du jeune insubordonné, et ils allèrent se coucher à leur tour, fourbus mais heureux d'avoir pu goûter pleinement chaque instant de leur journée.

Au petit matin, les premiers rayons du soleil réveillèrent le petit groupe. Un petit déjeuner consistant permit aux ventres affamés de refaire le plein d'énergie. Bientôt, toute la troupe reprit en chantant la route menant au sommet de la montagne de leur être. Sans qu'on ait eu besoin de le lui dire, Felipe se plaça cette fois à la fin du cortège. Durant les trois jours qui suivirent, il parvint à résister aux élans de fougue qui avaient trop souvent causé sa perte. Il garda le rythme tout le reste de l'ascension. Et il prit le temps de savourer chaque précieux moment sachant qu'il ne le reverrait plus jamais. Il se surprit même à observer avec admiration le pas cadencé du maître noir pour qui cette montagne n'avait plus de secrets, tellement il avait l'habitude de la gravir. Lorsque

fut atteint le point culminant de la montagne sacrée, Matari se tourna vers Felipe.

« Qu'as-tu découvert de plus précieux en mon-
tant jusqu'ici? questionna-t-il.

— Tout un univers s'est dévoilé à moi, répondit celui qui avait volontairement repris le rang de
disciple. En escaladant cette montagne, j'ai également gravi celle de mon être. Tu le savais, n'est-ce
pas? J'ai toujours couru jusqu'à en perdre haleine
pour acquérir des connaissances de toutes sortes.
Mais j'avais négligé l'essentiel: écouter ce que le
chant de l'oiseau avait à me dire, m'ouvrir à ce
que le ruissellement du cours d'eau cherchait à
m'enseigner, apprécier ce que le simple fait d'être
heureux dans le moment présent pouvait me pro-
curer en satisfactions de toutes sortes. J'ai compris maintenant. Ma course contre la montre est
terminée. Mon univers sera désormais celui de la
simplicité en tout et aussi celui de l'écoute de la
nature, dans l'action juste et... oui, je sais! en gardant le même rythme... »

En entendant ce dernier commentaire, la troupe
s'esclaffa d'un rire commun tout à fait charmant.
Puis tous se turent, en écoutant le vent souffler ses
derniers messages sur la montagne de leurs êtres
respectifs...

Les Sept Anges de la Clairvoyance

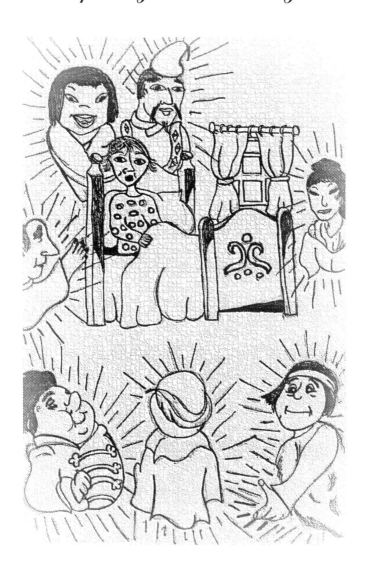

Les Sept Anges de la Clairvoyance

l était une fois un chercheur de vérité du nom de Jonathan, qui avait toujours entretenu le rêve de devenir un jour clairvoyant. Chaque soir, avant de s'endormir, il priait pour recevoir ce don. Il espérait ainsi pouvoir contacter certaines entités célestes, peut-être même en canaliser quelques-unes et, pourquoi pas? devenir célèbre. Comme ses intentions étaient pures, ses connaissances étendues et sa sagesse incontestable, et surtout parce qu'il bénéficiait d'une extraordinaire propension à atteindre ses buts, Dieu agréa à sa demande et lui envoya l'un de ses messagers en songe. Celui-ci lui annonça qu'il recevrait, au moment opportun, la visite de sept anges qui seraient chargés de lui tracer la voie.

« Les six premiers visiteurs angéliques, avait précisé le délégué divin, t'informeront des règles à suivre pour éviter que tu ne te perdes en cours de route. Et le dernier, en te touchant de son aile, te transmettra le don de la clairvoyance si tu désires toujours le recevoir. D'ici là, prépare-toi, car les envoyés de Dieu ne viendront que lorsque ton terrain sera prêt. »

Pendant les années qui suivirent, Jonathan médita comme il ne l'avait jamais fait auparavant afin d'attirer vers lui les délégués du Créateur. Contrairement à ce à quoi il s'attendait, ce n'est pas au cours d'une de ses envolées méditatives que notre ami reçut cette visite. Ce fut plutôt par un beau dimanche matin alors qu'il rêvassait paresseusement dans son lit. Une lumière éclatante envahit soudain sa chambre, et un être étincelant de mille feux se matérialisa sous les yeux écarquillés du jeune homme. Celui-ci fut cloué sur place, autant par la surprise que par l'émerveillement.

« Bonjour Jonathan, déclara le visiteur d'une voix suave. Tu n'as rien à craindre de moi, car je suis le premier messager dont la visite t'a été annoncée. Je suis l'*ange du silence,* et ma mission est de t'enseigner la première règle de la clairvoyance. Des messages en provenance des dimensions supérieures, dont je suis d'ailleurs issu, te seront régulièrement adressés. Pour les recevoir de façon adéquate, tu devras apprendre à créer le silence. Pas seulement autour de toi, mais également en toi, particulièrement lorsque tu te retrouves au milieu d'une foule tumultueuse.

« Il est maintenant naturel pour toi, et plutôt facile, de méditer, seul dans ta chambre, en dehors de tout bruit. Mais sauras-tu te montrer aussi réceptif aux voix divines quand tu seras plongé dans le brouhaha de la vie ou quand tu te retrouveras au cœur de l'agitation extérieure? C'est seulement lorsque tu auras maîtrisé et apprivoisé le silence dans n'importe quel endroit que tu recevras la visite du deuxième ange, qui viendra te divulguer la suite... »

L'envoyé de Dieu quitta alors la chambre en projetant sa lumière tout autour. Jonathan ne put s'empêcher de lui crier:

« Ne t'en va pas! Je veux savoir si tu appartiens à un groupe d'anges en particulier.

— Plus tard... plus tard...! » laissa choir le divin personnage en s'évanouissant dans la lumière.

Jonathan se mit aussitôt à l'œuvre, obéissant en cela aux consignes de son premier messager. En peu de temps, il apprit à maîtriser le silence en s'acharnant à méditer aussi bien sur son coussin qu'ailleurs et en réussissant à maintenir sa tranquillité intérieure dans tous ses contacts quotidiens. De longs mois de paix s'écoulèrent ainsi, au cours desquels Jonathan s'exerçait régulièrement à lâcher prise en prévision de la visite éventuelle du second envoyé céleste.

Un matin où il avait préféré le sommeil à sa méditation quotidienne, Jonathan vit la même lumière blanche se répandre une deuxième fois dans sa chambrette. De celle-ci émana un valeureux visiteur.

« Je suis l'*ange du courage,* déclara le surprenant personnage avec une fierté bien visible, quoique à peine perceptible, et dénuée de toute vanité. Je viens pour t'aviser que si tu empruntes l'épineuse route de la clairvoyance au cours de ton cheminement, tu devras t'attendre à être adulé par les uns et jugé sévèrement par les autres. C'est le prix obligatoire à payer dans ce genre de démarche. Il te faudra donc démontrer une immuable vaillance pour persister dans tes intentions et aller toujours de l'avant. En t'engageant dans la voie que tu as choisie, tu seras fatalement en butte à la critique. Auras-tu le courage de ne jamais trahir l'être que tu auras choisi de devenir? Médite sur cette pensée, jusqu'à ce que tu puisses fournir une réponse claire et nette là-dessus. Alors seulement, le troisième ange viendra. »

Sentant que son visiteur allait s'évanouir aussi rapidement que l'avait fait le premier, Jonathan réitéra sa requête:

« Ne t'en va pas! Je voudrais savoir le nom de ton groupe d'anges. Ils doivent bien en avoir un?

— Plus tard... Plus tard...! » fut la réponse évasive de l'ange.

Jonathan reprit donc de plus belle ses longues méditations quotidiennes. Il visualisa en détail toutes les situations où il aurait éventuellement à affronter le jugement des autres, et envisagea les façons dont il allait réagir pour ne pas être affecté. Quand il fut convaincu d'avoir acquis tout le courage nécessaire pour mener à bien sa future tâche, il reçut la visite de son meilleur ami. Celui-ci était venu pour lui faire subir ce que l'on pourrait appeler... un examen de passage. Sceptique devant les nouveaux élans spirituels de Jonathan, ce supposé ami se montra débordant d'un telle intransigeance qu'il y avait peu de place pour les compromis.

Avec une certaine méchanceté, il se moqua des aspirations ésotériques de Jonathan, le menaçant même de lui retirer son amitié s'il se mettait maintenant à converser avec les esprits. Sur ce, il sortit en claquant la porte et disparut en hochant la tête pour marquer sa désapprobation.

Jonathan eut le réflexe de rappeler son ami pour se justifier, mais il se ravisa aussitôt. Car il s'était souvenu du défi que lui avait lancé l'ange du courage avant de partir: « Auras-tu le courage de ne pas trahir l'être que tu auras choisi de devenir? » S'il essayait de se disculper auprès de son ami, ne se trahirait-il pas lui-même?

Ouf! se dit le clairvoyant en herbe. *Je l'ai échappé belle! L'enjeu est peut-être plus exigeant que je ne le croyais, en fin de compte. Mais je l'accepte avec plaisir, oh mon Dieu!*

La confiance et l'abandon à la volonté divine que trahissaient ces derniers mots étaient tels qu'un troisième ange inonda instantanément de tous ses feux la demeure de Jonathan.

« Je suis l'*ange du discernement*, déclara l'apparition avec l'assurance d'un grand sage.

— Ah oui? fit Jonathan, qui était de moins en moins surpris par ces visites angéliques. Tu viens sûrement m'enseigner comment distinguer le bien du mal, c'est bien ça?

— Au risque de te décevoir, corrigea l'ange, je viens exactement pour le contraire. Le seul fait que tu acceptes l'idée de l'existence du bien et du mal implique que tu dénies la perfection de toute chose. La tâche dont tu auras à t'acquitter au cours des prochains mois consistera à détecter, avec le plus de précision possible, le plan divin qui se cache derrière chaque situation que tu rencontreras. Plus tu manifesteras de neutralité dans ces circonstances, plus ton discernement se raffinera. Tu devras te convaincre que ce qui te semble mal aujourd'hui te fera peut-être le plus grand bien demain. Souviens-toi toujours, insista l'ange, qu'il n'y a aucun geste, fût-il teinté de la plus pure noblesse ou de la plus infâme vilenie, qui ne soit totalement en accord avec le merveilleux plan divin. Tant que tu ne seras pas dénué de tout jugement et que tu n'auras pas abandonné ton sens critique envers la vie, envers les autres et aussi envers toi-même, crois-moi, tu n'auras pas d'autre visite angélique. »

Voyant le messager rebrousser chemin comme les autres l'avaient fait, Jonathan tenta encore une fois d'en savoir plus sur l'identité du groupe dont il faisait partie; car il voulait commencer à le divulguer. Mais la réponse resta désespérément la même: « Plus tard... Plus tard...! » Et l'ange disparut comme il était venu, laissant le jeune homme à ses mille et une interrogations.

Les jours et les semaines qui suivirent furent des plus ardues pour le mental de Jonathan, même s'ils étaient riches d'enseignements. L'apprenti-clairvoyant dut donc cesser progressivement de condamner l'injustice dans le monde. De plus, il s'entêta à découvrir le plan de Dieu dans chaque situation, heureuse ou malheureuse. La lecture des journaux lui fournit même l'occasion de relever de nouveaux défis. Car il devait rester neutre en parcourant les actualités et éviter d'en renforcer l'énergie négative en les nourrissant avec les poussières de jugement que son intellect faisait surgir naturellement en lui.

Un jour, le Grand Patron décida de mettre Jonathan une seconde fois à l'épreuve, pour évaluer son niveau d'impartialité. Il lui envoya donc le même copain qui lui avait jadis retiré son amitié.

Après être entré dans sa demeure, celui-ci déversa toute sa hargne à l'égard de son patron, qui venait de le congédier. Heureux de retrouver son ami, même si celui-ci arborait un air de victime éplorée, Jonathan finit par se laisser prendre au jeu. Pendant quelques instants, il entra lui aussi dans le mouvement des invectives. Mais il se reprit rapidement en arguant que ce qui arrivait avait sûrement sa raison d'être et qu'il en résulterait des retombées positives pour toutes les personnes concernées.

Le copain — ou plutôt l'ex-copain — claqua une seconde fois la porte, en se demandant quelle mouche avait bien pu piquer Jonathan le visionnaire, et à quoi il avait pensé en venant ici pour se faire débiter de telles sornettes. Cette fois, Jonathan sourit de bon cœur en voyant son visiteur quitter précipitamment la maison, titubant et se frappant la tête en entrant dans son automobile, tout en vociférant de plus belle à cause de l'injustice qui le poursuivait.

« Que Dieu t'accompagne et te guide dans ton cheminement de souffrance! » se surprit à dire tout haut le compatissant Jonathan, pendant qu'un quatrième ange s'apprêtait à faire irruption dans sa modeste maisonnette.

— Je suis l'*ange de l'honnêteté*, proclama le nouvel envoyé avec un sourire d'une rare franchise. La clairvoyance sans l'honnêteté est un piège auquel sont confrontés quotidiennement plusieurs grands mystiques, un piège que tu auras toi aussi à affronter un jour.

— Je vois, constata le jeune homme. J'imagine que je ne devrai demander aucune compensation financière en échange de mes dons de clairvoyance, c'est ça?

— Pas du tout! reprit l'ange, quoique tu viens de prononcer un mot clé que tu devras toujours garder en tête. L'univers entier obéit à la loi de la réciprocité. Or, si tu te contentes de donner en refusant de recevoir le juste prix pour tes efforts, tu sèmeras à coup sûr le déséquilibre. Efforce-toi simplement d'être juste et honnête autant dans tes façons de donner que dans celles de recevoir. Fais preuve de pondération dans ta relation avec l'argent, ces les relations que tu noueras avec les gens seront d'autant plus authentiques qu'elles n'inciteront pas à la dépendance.

« Il est également primordial que tu sois honnête avec toi-même et que tu te donnes le droit à l'erreur et à l'imperfection. La plupart des gens qui solliciteront ton aide auront besoin de savoir que tu es un humain comme eux afin de pouvoir t'accorder leur pleine confiance. As-tu jamais remarqué que les personnes trop parfaites sont facilement portées à être imbues de leur perfection, à s'y attacher au point d'y stagner le restant de leur vie? Il y a quelque chose d'encore plus grandiose que la perfection humaine, et je te demande de... méditer là-dessus!

— Mais... Mais..., lança Jonathan en voyant disparaître le personnage nimbé de lumière.

— Plus tard... Plus tard...! » fit l'ange.

Jonathan se retrouva de nouveau seul face à lui-même. Jour après jour, il s'imprégna de la dernière phrase prononcée par l'ange de l'honnêteté. Lors d'un de ses nombreux retours sur lui-même — car il se remettait souvent en question —, il prit conscience qu'en maintes occasions, il s'était effectivement cru très près, sinon arrivée au faîte de la perfection. Malgré son jeune âge, il était indéniable qu'un certain charisme émanait naturellement de lui. Si bien que de plus en plus de gens venaient déjà le consulter pour y voir plus clair dans leur vie. Au cours de ces moments privilégiés, Jonathan savait toujours trouver les mots justes pour motiver ses visiteurs et les remettre sur la voie de la sagesse. Une certaine dame l'avait même pris en adoration et lui avait demandé, un jour, de devenir son maître. Jonathan était venu bien près d'accepter, son ego gonflé à bloc.

C'est à un de ces moments critique, alors qu'il se croyait devenu sage, qu'il fit un rêve que l'on pourra qualifier d'initiatique. Pendant qu'il dormait d'un profond sommeil, il se retrouva baignant dans une lumière intense, une lumière baignant dans l'amour divin, un amour comme il n'en avait jamais ressenti auparavant. Un mince voile flottait dans le vent devant lui et une voix lui enjoignait sans répit de le traverser.

« Non, résista Jonathan en se repliant dans la sécurité de son bien-être actuel, qu'il connaissait à la perfection. Je suis très bien ici et j'ai trop peur de ne plus pouvoir revenir en arrière si je fais le pas dans cette direction. »

Mais la voix continuait d'insister et la curiosité de l'éternel chercheur qu'était Jonathan l'emporta. Il osa franchir le mystérieux voile. Il découvrit alors un univers inconnu mais dix mille fois plus grand et plus lumineux que tout ce qu'il avait pu imaginer jusque-là. Sur ce, il se réveilla en sursaut, décontenancé par cet atterrissage forcé, Mais quand il aperçut le cinquième ange confortablement installé au pied de son lit, il sentit s'évanouir tous ses regrets.

« Bonjour! lança le visiteur sur un ton éthéré. Tu viens de faire un rêve et je n'en fais pas partie, du moins au sens où tu l'entends. Je suis l'*ange de l'humilité*. J'attendais patiemment que tu traverses le voile afin que tu puisses constater que la vie est un cycle continuel de découvertes. Aussitôt qu'on connaît quelque chose, on se retrouve immédiatement au seuil d'une nouvelle trouvaille encore plus fantastique. Seuls l'orgueil et la peur de l'inconnu nous empêchent d'avancer, car on ne veut pas prendre le joyeux risque de se retrouver démuni dans une mer inconnue. Le maître authentique, lorsqu'il est confronté à un nouveau défi, a souvent besoin de redevenir disciple et de laisser derrière lui ses anciens habits qui, pourtant, lui procurent pouvoir et sécurité.

« Cher Jonathan, tu devras rester humble en toute circonstance et ne jamais prétendre, ni devant les autres ni devant toi-même, que tu as jamais été élevé au grade de maître. La véritable sagesse exige que l'on soit simultanément disciple et maître, selon les situations qui se présentent. En agissant ainsi, tu pourras avancer plus rapidement dans ton exploration de l'univers. Il est inévitable que les gens qui sollicitent ton aide soient tentés de te mettre sur un piédestal. Car qui d'entre nous n'a pas besoin de modèles à imiter, comme l'enfant qui est en admiration devant ses héros?

« L'humilité ne consiste pas non plus à minimiser ta sagesse aux yeux des autres. Mais il faut que tu gardes constamment en tête qu'il y a et qu'il y aura toujours plus grand et plus petit que toi. Le seul qui ne doit pas t'installer sur un piédestal, eh bien! c'est... — et l'ange hésita, craignant d'offusquer son interlocuteur — toi-même.

« Si un jour tu te fais quand même prendre à ce piège si alléchant de l'orgueil, sache que Dieu s'arrangera pour te ramener à l'ordre afin que tu redescendes de ton socle. Tu devras alors tout recommencer. Et au sujet de la question que tu as posée à mes prédécesseurs avant qu'ils ne disparaissent, et que tu t'apprêtes sûrement à me poser à moi aussi, sache que...

— Oui, j'y arrive, coupa Jonathan, à moitié endormi. Vas-tu enfin me dévoiler à quel groupe d'anges toi et tes semblables appartenez? Je t'en prie, donne-moi un nom afin que je puisse le diffuser et donner ainsi de la crédibilité à mes dires.

— Nous provenons tous de la même Source, répondit l'ange de l'humilité, et nous puisons nos paroles dans le grand Tout. Pas plus que les anges précédents, je ne répondrai à ta question. Car ce que tu sais est seulement ce que tu as besoin de savoir. Je pourrais évidemment te donner un nom savant afin d'impressionner la galerie, comme vous dites. Mais cela irait à l'encontre de ma mission, qui consiste à faire germer en toi la modestie. Cela ne servirait qu'à satisfaire ton *ego*. La clairvoyance à laquelle tu aspires ne doit être utilisée que pour accueillir la sagesse divine. Contente-toi dès lors d'en diffuser les perles du mieux que tu peux. Ainsi, les gens se concentreront sur les messages que tu leur transmettras au lieu de s'attacher aux noms pompeux de leurs messagers de l'au-delà. »

L'ange radieux s'évanouit alors sans bruit, sous les yeux attendris de Jonathan, qui tentait de comprendre le sens profond de ce qui venait de lui être révélé. Il se rappela les nombreuses séances spirites auxquelles il avait déjà assisté. Des clair-voyants en transe dévoilaient alors des messages apparemment issus de personnages désincarnés dont les noms étaient tous aussi bizarres les uns que les autres. En y pensant bien, Jonathan se dit que le mysticisme entourant ces événements avait pour effet qu'on se préoccupait beaucoup plus des messagers que de ce qu'ils avaient à dire.

En réalité, tout ce que lui demandait l'ange était de s'occuper uniquement de la pureté de ses sources d'information, et aussi de s'assurer que chaque guide dont il serait le porte-parole soit connecté directement à la Source. Le reste ne revêtait qu'une importance moindre, certes utile dans certains cas, pour capter ou maintenir l'attention, mais jamais primordiale.

Après avoir passé de longues heures dans un silence absolu, Jonathan comprit avec son âme, sa conscience et son cœur, que l'humilité qui lui était demandée devait se traduire par un détache-ment complet vis-à-vis de ses guides et de tous les honneurs qui pourraient en découler. Il allait sim-plement les accueillir au passage, sans s'y attacher.

À peine avait-il conclu ce pacte d'humilité avec le Très-Haut que la chambre se remplit pour une sixième fois consécutive de cette lumière qui annonçait une visite de l'au-delà. À peine quel-ques minutes après que le dernier visiteur fut parti, un autre faisait déjà irruption.

« Tes pensées ont eu un effet magique, sem-blait chanter la silhouette ailée. *Je suis l'ange du détachement.* Tu as compris tellement vite le sens profond de l'humilité que je n'ai pas eu à attendre plus longtemps devant ta porte. Ce qui t'est main-tenant demandé est beaucoup plus que le simple détachement envers les biens matériels, quoique ce soit déjà un grand pas. La partie la plus ardue de la tâche qui t'attend consistera sans doute à te détacher des résultats de tes diverses interventions auprès des autres. Lorsque tu te seras abandonné corps et âme au plan divin, tu ressentiras une joie constante. Aucun événement malheureux ne t'affectera plus outre mesure, car tu sauras hors de tout doute que rien n'est le fruit du hasard. Même si tes prédictions se révèlent parfois inexactes, tu seras convaincu qu'elles finiront par porter fruit, à court ou à long terme, si elles t'ont été inspirées par la Lumière.

« Dieu utilise parfois d'incompréhensibles stratagèmes pour en arriver à Ses fins et pour faire éclore Sa vérité au bon endroit et au bon moment. Avec certaines personnes, tu seras porté à utiliser la douceur et l'amabilité. Tu feras ainsi briller leur propre lumière, de sorte qu'elles reprendront plus rapidement confiance en elles et trouveront la motivation nécessaire pour aller un peu plus loin dans leur cheminement. Avec d'autres, par contre, tu étaleras leur ombre. À l'occasion, tu accepteras même d'incarner leurs monstres intérieurs, et ce, dans le seul but de les éveiller, et au détriment du mépris qu'ils te manifesteront.

« Prépare-toi dès maintenant à te détacher de tes œuvres et de l'image que tu projettes, que celle-ci soit bonne ou mauvaise. Après quoi, le dernier ange viendra te toucher de son aile, tel que promis... »

Tout en suivant des yeux la silhouette lumineuse qui s'envolait vers les cieux, Jonathan se souvint du rêve qu'il avait fait jadis. C'est lui qui avait enclenché cette procession angélique. Et c'est au terme de celle-ci qu'il avait été informé que le septième guide l'investirait de sa nouvelle mission. Mais le souhaitait-il encore vraiment? Ses aspirations à la clairvoyance n'étaient-elles qu'un simple rêve de jeunesse qui, en se concrétisant, lui aurait permis d'être un jour reconnu et adulé?

Jonathan se remémora ensuite les enseignements reçus durant les derniers mois. Les six premiers messagers lui avaient parfaitement tracé le chemin. Mais maintenant qu'il était prêt à s'y engager, il sentait monter en lui un certain désintéressement frôlant la tristesse, comme si ce n'était plus ce qu'il désirait. Mais pourquoi avait-il envie, pour ne pas dire l'intuition de s'arrêter alors qu'il se trouvait si près du but? Une fois la recette en main, qu'est-ce qui l'empêchait de préparer le plat?

Jonathan était en train de se laisser envahir par toutes ces pensées sombres, quand le septième ange se manifesta en remplissant la chambrette de milliers de rayons bleutés.

« Enfin, tu as compris! s'exclama-t-il d'un ton amical. Eh oui! comme tu dois t'en douter, je suis le dernier envoyé. C'est moi, l'*ange de la simplicité*. On m'a mandaté pour que je fasse avec toi le lien entre les divers éléments qui t'ont été dévoilés précédemment et pour que je te spécifie ta mission. »

En temps normal, ce dernier mot aurait dû provoquer chez Jonathan une indicible joie, mais il ne broncha pas, allant même jusqu'à manifester une incompréhensible indifférence.

« Rappelle-toi ton désir effréné de devenir à ton tour un porteur de lumière, reprit l'ange. C'est à cette occasion que tu as été informé de l'importance du silence. Puis on t'a enjoint au courage en te présentant l'envers de la médaille. L'étape suivante concernait le développement de ton discernement qui devait se manifester en tout, indépendamment du bien et du mal, qui ne sont qu'illusion. L'honnêteté qui te fut demandée par la suite t'a amené à constater ta grandeur et aussi ta petitesse; l'humilité en a été le résultat. Assigné au rôle gratifiant de maître que tu allais devoir tenir auprès de certains hommes, tu devais cependant apprendre à t'en distancer, tout en reprenant régulièrement ta place de simple disciple. Pour cela, il fallait que tu te détaches du résultat de tes actions et des aspirations de ton ego, de même que de tous les avantages inhérents à tes éventuels titres de maître ou de clairvoyant. »

L'ange se rapprocha alors de Jonathan afin de mieux pénétrer son âme, puis il poursuivit, en appuyant bien sur les mots:

« Toi qui as toujours rêvé de devenir clairvoyant, ne te rends-tu pas compte aujourd'hui que tu vois déjà très clair? As-tu vraiment besoin de plus que cela? Nous sommes persuadés que tu possèdes amplement d'aptitudes pour accomplir parfaitement ta mission. Il s'agira simplement de te rendre disponible aux gens qui requerront ton aide; et cela, tu le feras d'âme à âme, de cœur à cœur, et non à travers des séances de médiumnité. C'est de toi que les gens ont besoin, Jonathan, de ta présence, de ta jeunesse, de ta qualité d'accueil. En ces temps de grisaille, *n'est-il pas plus important de voir clair que d'être clairvoyant...?* ajouta l'ange sur un ton ironique, cherchant ainsi à dissiper la morosité qui commençait à s'installer.

« Ce que mes prédécesseurs t'ont enseigné, mets-le en pratique dans chacun de tes gestes quotidiens. Puis, laisse l'énergie divine mettre sur ta route, au moment approprié, les gens auprès desquels tu devras intervenir. Si tu t'abandonnes ainsi à la Source, chaque parole que tu prononceras sera imprégnée de son énergie. Cette source intarissable est celle qui me nourrit actuellement et qui continuera de le faire, pour toi comme pour moi. Comme tu en seras alimenté en permanence, tu n'auras plus jamais besoin de rituel ni de titre pour officialiser ta complicité avec Dieu. Tu comprends? »

Sur ce, l'ange avança délicatement dans l'aura du jeune homme dont les joues étaient inondées de larmes de joie. Il ne se contenta pas de l'effleurer de ses plumes, mais il l'enveloppa entièrement de ses ailes chaudes et duveteuses.

Les larmes s'asséchèrent, les cœurs se gonflèrent d'amour, et l'ange disparut en douce sans que l'enfant en Jonathan s'en aperçoive, tellement il était heureux. Sa mission était claire: il devait se fondre dans le plan divin et se contenter d'être simplement heureux. Ce qu'il s'efforça de faire jusqu'à la fin de ses jours, et ce que vous pouvez décider aussi de faire si vous le désirez vraiment...

L'Optimiste et le Défaitiste

L'Optimiste et le Défaitiste

l était une fois deux hommes d'affaires prospères qui dirigeaient chacun une entreprise promise à un avenir florissant. Leurs usines étaient situées côte à côte, et ils entretenaient d'ailleurs des relations très amicales. Leurs chiffres d'affaires étaient pratiquement semblables, et ils menaient sensiblement le même train de vie. À vrai dire, la seule différence marquante entre eux résidait dans leur façon de penser. Le premier était un homme extrêmement positif, tandis que l'autre avait tendance à broyer du noir et à voir le négatif partout.

Une nuit, un incendie terrible dévasta les deux usines en l'espace de quelques heures. Nos deux compères se retrouvèrent complètement démunis, et leurs premières réactions, en arrivant sur les lieux du sinistre, furent en tous points semblables. Ils se mirent en effet à exprimer violemment leur colère en constatant leur impuissance à faire quoi que ce soit pour sauver leur usine. La rage et les pleurs furent naturellement leur lot durant de nombreuses heures après la catastrophe.

Ce fut seulement quelques jours plus tard que l'attitude des deux sinistrés concernant la tournure des événements commença à se différencier. Comme il ne parvenait pas à surmonter son désarroi, l'homme d'affaires défaitiste se fit progressivement prendre au jeu destructeur de la complaisance dans son malheur. S'apitoyant constamment sur son sort, il ne laissait jamais de place à un quelconque compromis. Il ne faisait rien qui aurait pu améliorer son terrible destin, comme il se plaisait à qualifier sa situation. Rien ni personne n'arrivait à consoler notre homme, car, depuis sa plus tendre enfance, il avait la fâcheuse habitude de chercher la bête noire dans chaque situation. Et voilà que maintenant, il subissait les effets dévastateurs de son déplorable défaitisme, une attitude qu'il avait héritée de son père, lequel, vous devez bien vous en douter, l'avait lui aussi reçue du sien.

Cette chaîne allait-elle être brisée aujourd'hui? À voir le déroulement des événements, tout portait à croire que non! Tant et si bien que notre homme d'affaires déchu se mit à visualiser sans relâche dans sa tête toutes les péripéties du temps qu'il avait passé à bâtir son empire à la sueur de son front. Peu à peu, il se convainquit que tout était à jamais perdu, que sa vie était terminée et qu'il lui serait absolument impossible de remonter la pente.

Il broya tant de noir durant les semaines et les mois qui suivirent qu'il se mit à dépérir à vue d'œil. Quelque temps plus tard, il mourut des suites d'une profonde dépression, qu'il avait d'ailleurs constamment nourrie de sa peur de l'inconnu, et cela jusqu'à son dernier souffle.

Quant à notre homme d'affaires optimiste, il s'était senti soulagé après avoir laissé ses émotions s'exprimer sagement à travers ses cris et ses pleurs. Contrairement à ce qui s'était passé pour son malheureux acolyte, ses parents lui avaient inculqué que chaque chose avait sa raison d'être et que tout pouvait être utilisé à bon escient. Cette constructive façon de penser faisait heureusement partie des croyances de base de notre éternel optimiste. Aussi chercha-t-il les éventuels côtés positifs de son aventure. Il se dit que c'était probablement un mal pour un bien, que cela contrerait l'ennui qui était attribuable à la routine qui avait commencé à l'envahir depuis un certain temps.

Plus il s'acharnait à chercher, plus il découvrait de nouvelles avenues qui s'ouvraient devant lui. Après de nombreuses périodes de réflexion, il lui sembla évident que ses anciennes installations, maintenant réduites en cendres, étaient quelque peu désuètes et ses méthodes de travail, plutôt archaïques.

Influencé à tout jamais par l'optimisme de ses parents et convaincu, par le fait même, que tout, dans la vie, pouvait devenir une occasion de grandir et de s'améliorer, il se demanda ce qu'aurait fait son père dans pareille situation. C'est ainsi qu'il décida de retrousser ses manches et de rebâtir une usine plus moderne. Ceci aurait pour effet immédiat de motiver ses employés. Ces derniers accepteraient alors de mettre l'épaule à la roue, et leur nouvel environnement les inciterait à travailler avec encore plus d'acharnement.

Ce projet issu de sa façon positive de penser le stimula tellement qu'il canalisa toutes ses énergies pour reconstruire son usine au lieu de les utiliser à se détruire, comme l'avait fait son compère. Il n'avait d'ailleurs plus entendu parler de lui depuis la catastrophe.

Quelques années plus tard, notre entrepreneur optimiste avait doublé son chiffre d'affaires et il continue de prospérer depuis, ce qui lui procure un bien-être matériel et spirituel sans cesse grandissant. Leur seule façon de voir les choses a fait en sorte que le premier homme est mort prématurément dans une affreuse détresse, tandis que le second est toujours en route vers un bonheur incessant. Les pensées négatives et défaitistes de l'un l'on amené vers le malheur, tandis que les pensées positives et optimistes de l'autre l'ont conduit vers une richesse qui s'est manifestée sur tous les plans. À vous maintenant de choisir à quel camp vous voulez adhérer...

L' Île du Moine Prieur

L'Île du Moine Prieur

eux moines œuvraient depuis fort longtemps dans une communauté contemplative très stricte où la prière occupait évidemment une place de choix. L'un d'entre eux, le moine prieur, avait pour tâche d'inciter ses confrères à prier à toute heure du jour et de la nuit. Cet homme était réputé à travers toute la communauté, et même au-delà, pour sa foi exceptionnelle en Dieu, une foi qui, à ce qu'on dit, aurait pu transporter des montagnes.

Son meilleur ami était bien différent de lui. On le surnommait le moine rieur. Le rire était omni-présent dans sa vie, au grand désarroi de ses supé-rieurs. Depuis son entrée en religion, ceux-ci essayaient en vain de lui faire comprendre tout le sérieux de sa mission. Ce à quoi le joyeux luron répliquait avec une certaine désinvolture que la bonne humeur et la rigolade étaient peut-être les plus belles prières qui puissent jamais atteindre les oreilles — si l'on peut s'exprimer ainsi — du Créateur.

Un jour de grisaille, les deux moines firent preuve d'une inexplicable intrépidité en allant se balader en mer malgré le temps incertain. Ils prirent place à bord d'un radeau de fortune qu'ils avaient eux-mêmes construit dans leurs moments libres... en priant évidemment. Aussitôt qu'ils se furent éloignés de la berge, la mer commença à se courroucer, et des vents violents entraînèrent vers le large l'embarcation rudimentaire. Les courants marins se mirent ensuite de la partie et emmenèrent les deux valeureux moines aux confins de l'océan, cet océan dont ils avaient irrespectueusement omis de se méfier.

Plusieurs jours passèrent pendant lesquels le radeau continua sa dérive au rythme incessant des litanies monotones de l'un des moines, et des rires d'encouragement de l'autre.

« Prie donc! s'évertuait à répéter le moine prieur à l'intention de son confrère. Et cesse de rire, car ça m'énerve, en plus d'être une insignifiante perte de temps! J'ai la foi, et Dieu me sauvera, j'en suis sûr. Quant à toi, je te suggère fortement de faire comme moi si tu veux également avoir la vie sauve. »

Dieu, qui était à l'écoute comme d'habitude, ordonna au vent et aux courants marins de modifier leur trajectoire et de pousser gentiment le radeau en direction de la seule île de la région. Quant à nos deux amis, l'épuisement les avait gagnés et c'est ainsi qu'ils réussirent enfin à lâcher prise. Ils s'endormirent donc avec le soleil, pour se réveiller aux petites heures du matin, après avoir repris des forces dans l'insouciant monde du rêve. Ils crièrent alors au miracle, car une île les avait accueillis durant la nuit.

« Je te l'avais dit! s'exclama le moine prieur, fort de sa victoire. Dieu m'écoute toujours. Ma foi nous a sauvés. »

Du haut de son trône céleste, le Grand Patron se montra quelque peu perplexe devant l'attitude condescendante de son maître prieur, qui se complaisait un peu trop dans l'étalage de son mérite. Il aurait voulu faire comprendre à ce champion de l'invocation que c'étaient les rires de son ami qui avaient attiré son attention. Mais les oreilles du moine prieur devaient se faire sourdes avec l'âge, car Dieu avait de plus en plus de peine à s'y glisser maintenant. La foi peut être une arme à double tranchant lorsqu'elle devient prétexte pour s'éloigner de la simplicité et de la voie du bon sens...

Les moines prirent donc racine dans cette terre providentielle, tout en sachant qu'ils ne pourraient y demeurer pendant le reste de leur existence.

« Prions! s'exclama le charismatique spécialiste des *Oremus* et des *Ave*. Dieu viendra encore une fois nous sauver. Je n'en doute pas un seul instant, car j'ai tellement la foi. »

Il s'installa donc au sommet d'une colline et se mit à prier du matin au soir, et parfois même durant la nuit! Pendant ce temps, l'autre moine occupait son temps à explorer les lieux et à jouir de tout ce qu'il pouvait découvrir sur cette île aux mille surprises. Tout était pour lui occasion de joie et d'admiration, depuis les fleurs exotiques aux racines miraculeusement imbriquées dans le roc, jusqu'au plus simple papillon et aux oiseaux dont les mirifiques couleurs et les chants diurnes égayaient sa solitude. Chaque découverte était un émerveillement sans pareil, et son cœur d'enfant, constamment en éveil, ne cessait de remercier son Créateur. Ainsi émanait de lui, sans qu'il s'en rende compte, la plus belle des prières.

Dieu fut conquis par le frais arôme qui montait jusqu'à Lui et entendit l'appel de ce joyeux naufragé. Dans Sa grande bonté, Il alerta aussitôt, par la voie de son intuition, le capitaine du seul navire voguant dans cette région perdue. Il l'informa qu'un moine heureux s'était échoué sur une île déserte et qu'il avait besoin de son aide. Ayant entendu cet appel, le vent qui était de connivence avec Dieu, souffla dans les voiles du navire avec ce qu'il fallait de force, juste au bon moment et dans la bonne direction.

Voyant arriver les secours tant attendus, le moine rieur se précipita vers la plage, et il s'empressa d'y allumer un feu pour attirer l'attention des marins. Pendant ce temps, son compagnon d'infortune ne bougeait pas d'un poil. D'une voix monotone, il continuait à scander ses invocations pour ne pas perdre le contact qu'il croyait avoir avec Dieu, son seul et unique sauveur.

Mais Dieu essayait d'interférer dans ce monologue et tentait de faire comprendre à son disciple que ses prières étaient enfin exaucées; qu'il était temps pour lui de se rendre sur la rive pour accueillir Son messager comme il se devait. Mais il n'y avait rien à faire! Prétendant être tenté par le diable, le moine prieur résista avec entêtement à ces assauts divins et refusa obstinément de lâcher prise. Et c'est... Dieu qui dut le faire!

Le moine rieur, lui, accueillit chaleureusement ses sauveteurs et leur manifesta sa reconnaissance avec toute la bonhomie qu'il pouvait dégager. Il remercia le ciel, avec force effusions de joie, d'avoir guidé le navire jusqu'à lui. Mais le capitaine le pressa de faire vite, car il devait lever l'ancre rapidement à cause de la marée descendante, qui risquait de faire s'échouer le navire sur les récifs. Le moine rieur se rendit donc en toute hâte au sommet de la colline pour aller quérir son ami.

« Viens vite, haleta-t-il, Dieu nous a écoutés. Une embarcation nous attend en bas.

— Homme de peu de foi! lança le moine prieur d'un air arrogant. Dieu viendra me sauver Lui-même, comme Il l'a toujours fait. Et tu devrais renvoyer ces gens qui viennent nous importuner et nous distraire dans nos dévotions! Fais ce que tu veux, mais laisse-moi prier. Ma foi me sauvera… »

La mine déconfite et la frustration au cœur, le moine rebroussa chemin, en essayant de se convaincre qu'il valait mieux en rire que d'en pleurer. Cela lui était très difficile, car son amitié pour son confrère prieur était très profonde, malgré leurs nombreuses divergences d'opinions. Mais si telle était la volonté de Dieu, il allait s'y plier de bonne grâce.

Il quitta donc sa terre d'accueil et embarqua sur le navire envoyé à son intention. Il vit disparaître lentement son île à l'horizon, puis sa colline, avec celui qui l'occupait… Dieu tenta bien à quelques reprises de sauver le vieux moine en envoyant des navires dans sa direction, mais toutes ses tentatives demeurèrent vaines, car le naufragé se désintéressait de toute aide extérieure.

Selon la légende, le moine prieur est resté pendant de longues années en prière sur son île. Seule la mort a réussi à l'en extirper. On prétend même que son esprit est encore accroché à sa colline et qu'il attend que Dieu vienne le délivrer. Ne vous surprenez donc pas si un jour le vent pousse dans votre direction de mystérieuses litanies venues de nulle part... Il s'agira peut-être de vieilles prières qui se détachent de l'île du moine prieur...

La Valse folle du Gros Ours blanc

La
Valse folle
du Gros Ours blanc

rnesto était un professeur de danse qui, depuis de nombreuses années, enseignait son art dans une école qui avait été fondée par son père. Sa spécialité était appelée la danse à trois temps. Trois pas en avant, trois pas en arrière: une routine empreinte de sobriété. Telle était donc la danse qu'il apprenait à ses élèves, une danse monotone, certes, mais si facile à exécuter qu'elle attirait une nombreuse clientèle, conservatrice mais fidèle.

Cette valse à trois temps avait l'immense avantage de ne pas exiger une pièce trop vaste, car en réalité, personne n'avançait ni ne reculait. Chacun des danseurs faisait son petit va-et-vient en respectant son espace vital, sans empiéter sur celui du voisin. Comme Ernesto avait appris cette danse de son père, qui l'avait également apprise du sien, personne dans la lignée familiale n'avait osé l'altérer en quoi que ce soit. Tous croyaient fermement que c'était la seule et unique façon de l'exécuter.

Il faut bien dire, cependant, que notre cher Ernesto se montrait très habile dans ce genre de chorégraphie, autant sur la piste de danse que dans sa propre vie. Il menait consciencieusement une existence des plus fades, car il avait une sainte horreur du changement. Comme il se tenait ainsi le plus possible dans les limites du connu, on ne peut pas dire qu'il prenait beaucoup de place. Chaque fois que la vie l'obligeait à avancer de quelques pas, il prenait toujours bien soin de se retrancher, pour ensuite revenir à son point de départ.

L'âme d'Ernesto se sentait très à l'étroit dans l'existence terne qu'elle était obligée de vivre. Si bien qu'elle se mit à crier désespérément en demandant du changement. Ernesto ne voulait pas entendre cette dérangeante voix intérieure qui l'incitait avec tant d'acharnement et de perspicacité à « faire quelque chose » pour évoluer. Afin de se changer les idées et de se distraire un peu, il alla visiter un jardin zoologique. Arrivé à destination, il s'arrêta instinctivement devant un enclos où évoluait un énorme ours blanc au regard froid et sans vie. L'animal était sûrement atteint d'une évidente folie, due à sa trop longue captivité, car il exécutait devant ses yeux la même danse qu'il enseignait à ses élèves et qu'il pratiquait lui-même depuis des années. Sous le regard ahuri d'Ernesto, le mastodonte débile avançait en effet de trois pas et en reculait d'autant, faisant ainsi un surplace continuel, ce qui n'était pas sans rappeler à Ernesto le rythme selon lequel se déroulait son existence.

Se sentant envahi d'une subite nostalgie, Ernesto s'assit à côté de l'enclos. Son âme en profita alors pour faire monter quelques questions à sa conscience. N'était-ce pas sa propre vie que cet animal illustrait ainsi par son comportement bizarre? Ernesto allait-il passer le reste de son existence à piétiner comme cet ours en cage, et continuer par surcroît à enseigner indéfiniment cette façon de faire? N'y avait-il pas moyen de couper immédiatement cette chaîne de monotonie qui lui venait de ses ancêtres et qu'il allait probablement transmettre un jour à sa progéniture?

Ernesto ferma les yeux. C'était la seule façon de ne pas en voir davantage! Son âme profita de cette accalmie pour se manifester à nouveau. Il n'y avait pas de temps à perdre si Ernesto voulait atteindre ses buts. Comme pour appuyer cette affirmation, une mystérieuse voix émana de son for intérieur et laissa échapper ces quelques mots:

« N'essaie surtout pas de changer ta danse, car c'est celle qui coule dans ton sang; mais si tu retranches un pas, le cours de ta vie changera… » Puis, le silence! Un silence pesant qui appelait à la réflexion.

Les paupières closes, Ernesto se mit à chercher la clef de l'énigme. Comment un seul pas pouvait-il altérer le cours de son existence? Et quelle était donc cette voix importune qui était venue lui faire la morale et l'incitait à transformer l'héritage si précieux que ses ancêtres lui avaient légué? Une question sans réponse, mais qui ne cessa pas de l'intriguer.

Après plusieurs vaines tentatives pour essayer de comprendre les mystérieuses paroles, Ernesto se senti las de ce brouhaha intérieur. De toute évidence, ses réflexions ne menaient à rien. C'est à ce moment qu'il lâcha prise, comme si son âme l'avait inconsciemment obligé à le faire. Il ouvrit finalement les yeux, et la scène qui s'offrait à son regard tenait du miracle. C'est l'ours lui-même qui lui donnait la clef de l'énigme. Comme par magie, l'énorme plantigrade avait changé sa chorégraphie: encore trois pas en avant, mais seulement deux en arrière, ce qui faisait toute la différence du monde. Car, malgré le continuel mouvement de va-et-vient, l'ours avançait d'un pas à chaque routine. Selon un rythme très lent, mais sans interruption, l'ours traversa ainsi son enclos dans sa totalité. Après quelques minutes de cette valse nouvelle, il revint se poster devant Ernesto. Il regarda celui-ci droit dans les yeux, l'air de lui dire: « Je ne suis pas si bête que ça... tu vois? Retourne maintenant chez toi et laisse-moi tranquille. »

Le professeur de danse pouffa de rire et tourna joyeusement les talons. Il s'amusa même, sur le chemin du retour, à exécuter la nouvelle danse, sous le regard amusé des passants qui devaient sûrement le prendre pour un être quelque peu... dérangé!

Depuis ce jour, la vie d'Ernesto a changé du tout au tout. Car, pour la première fois depuis sa naissance, il accueillait la nouveauté dans sa vie, et la joie aussi. Quand le vent du changement se mettait à souffler dans son dos, il exécutait allègrement ses trois pas. Puis, quand la maladie ou la tristesse l'atteignaient, il ne faisait que deux pas en arrière. Il s'efforçait de se reposer durant ce temps d'arrêt et attendait patiemment que la vague suivante le propulse vers une prochaine étape.

Ernesto enseigne maintenant la danse de façon différente. Bien sûr que son changement de cap lui a fait perdre quelques-uns de ses élèves, trop attachés à leur passé. Mais, en contrepartie, il en a accueilli des centaines d'autres désireux d'avancer sans cesse, lentement mais sûrement, vers un bonheur toujours plus intense. En l'honneur de son gigantesque maître, qu'il n'a d'ailleurs jamais revu, il a rebaptisé sa danse la « valse folle du gros ours blanc ».

L'Ignorant, le Passionné et le Vertueux

L'Ignorant, le Passionné et le Vertueux

Trois hommes se présentèrent en même temps aux portes du paradis en en demandant l'accès. Ils étaient différents l'un de l'autre. L'un était ignorant, du moins il avait cette réputation sur la Terre. Le deuxième, lui, était un passionné; l'impatience qu'il manifestait à franchir les grandes portes le montrait d'ailleurs très bien. Quant au dernier, qui était confortablement assis dans un coin de l'antichambre, il respirait la vertu à plein nez; on pouvait même discerner un début d'auréole autour de sa tête.

Occupé comme il l'est toujours, le bon saint Pierre prit quand même le temps d'accueillir ses visiteurs. Il leur demanda ensuite de dresser le compte rendu de leur passage terrestre. Sans se soucier de ses deux confrères, l'ignorant prit la parole sans plus de préambule.

« Vous savez, saint Pierre, j'ai été élevé pauvrement et je n'ai reçu aucune instruction. Pendant la majeure partie de ma vie, j'ai suivi fidèlement les préceptes de ma religion. Je me suis toujours plié aveuglément aux enseignements des Évangiles, sans me poser de questions. Je m'arrêtais docilement comme on m'enjoignait de le faire, aux frontières des sacro-saints mystères, sans même penser que je pouvais aller au-delà.

« Par contre, durant les années qui ont précédé ma mort, j'ai remédié à mon ignorance en m'intéressant à tout ce qui pouvait m'aider à croître intérieurement. Mais pour cela, que Dieu me pardonne si j'ai péché, j'ai du passer outre à la consigne de la soumission et du silence que m'imposait ma religion. J'ai emprunté d'autres avenues et j'ai alors découvert des perles d'une valeur inestimable. Je les ai rajoutées à mon coffre aux trésors, déjà rempli à ras bord. Si ce n'avait été de ce stupide accident, je crois que je serais finalement sorti de l'ignorance et que je serais devenu vertueux. J'ai hâte de reprendre la route pour terminer mon cheminement. »

Ému par la touchante sincérité démontrée par cet homme de bonne volonté, saint Pierre referma son grand livre et informa son visiteur de sa décision:

« Tu as merveilleusement bien travaillé, mon enfant, car tu as su transcender l'ignorance dans laquelle tu t'étais incarné. Tu aurais pu facilement t'y enliser, mais, au contraire, tu as fait les efforts nécessaires pour t'en sortir. L'ignorant que tu étais est devenu un érudit, comme la chenille qui se transforme en papillon. Sache que Dieu est content de toi, et t'offre d'aller le rejoindre et de demeurer à ses côtés le temps que tu voudras. Ton désir de devenir vertueux est déjà exaucé. »

Comme un enfant trop heureux de tomber en vacances, l'homme disparut dans un nimbe de lumière pendant que le maître des lieux criait: « Au suivant ».

Le passionné fit un bond en avant et, d'un mouvement enthousiaste, il alla se braquer devant le cher saint Pierre. Après les salutations d'usage, qui tenaient beaucoup plus des effusions que de la révérence, le passionné raconta fébrilement son histoire:

« Je suis né de parents musulmans et j'ai toujours obéi à la lettre aux multiples lois de ma religion, qui est l'islamisme. Le ramadan n'a plus de secrets pour moi et je suis fier de l'avoir toujours scrupuleusement observé. J'avoue, par contre, que ma dévotion envers Allah a parfois fait naître en moi des élans passionnels qui auraient pu devenir néfastes pour mon entourage. Afin de ne pas sombrer dans le fanatisme comme plusieurs de mes frères, j'ai travaillé intensément au cours des dernières années, afin de m'ouvrir le plus possible à d'autres voies spirituelles. J'ai cherché à transformer ma passion, qui avait tendance à devenir de plus en plus extrémiste, en une vertu universelle, en remplaçant l'exaltation par la béatitude.

« Si ce n'avait été de cette absurde maladie qui m'a propulsé ici contre mon gré, j'aurais certainement réussi à transcender définitivement cette facette de ma personnalité. Je serais devenu vertueux du seul fait que j'aurais cessé de juger et de condamner quiconque n'avait pas emprunté la même voie que moi. Bien que j'apprécie le repos que je goûte actuellement, j'ai très hâte moi aussi de reprendre la route et de continuer le travail intérieur que j'ai abandonné prématurément. »

Comme il l'avait fait avec son prédécesseur, saint Pierre ferma également le grand livre de la vie de cet homme et lui dit ces paroles réconfortantes:

« Tu as bien travaillé, et je t'en félicite. Le but de ton existence consistait à te détacher de la passion qui t'habitait depuis ton enfance, pour transformer cette attitude en vertu, ce que tu as réussi à faire, et beaucoup mieux que tu ne le crois. Ton détachement exemplaire te vaut d'être reçu immédiatement par Allah. Ton désir de devenir vertueux est exaucé. Va, ne perds pas une seconde. Tu es attendu... »

Toujours animé par cette admirable fougue qu'il ne pouvait dissimuler au vieux sage, le passionné se fondit instantanément dans la lumière et rejoignit son grand Maître, de l'autre côté du mystérieux voile de l'après-vie.

« Au suivant! » lança saint Pierre dans la salle d'attente où continuaient d'affluer de nombreux visiteurs. Son auréole bien installée autour de sa tête, le vertueux personnage s'avança d'un pas feutré, heureux de rentrer enfin chez lui, au milieu des siens. C'était justement ce qu'il était en train d'expliquer aux nouveaux arrivants.

« Bonjour, cher collègue, salua la vertu incarnée à l'intention du registraire céleste. Comme tu dois le savoir, mon père était un célèbre avatar qui était reconnu à travers tout le pays. À ma naissance, j'ai évidemment hérité de son savoir et de sa lumière. Par la force des choses, je suis donc devenu, comme cela est sûrement mentionné dans ton livre, un grand maître hautement vénéré de par le monde.

« Tout au long de mon existence, je me suis appliqué à enseigner la sagesse à mes nombreux disciples, et je crois sincèrement avoir réussi à en élever quelques-uns. Quand ils se présenteront devant toi, tu les reconnaîtras à l'auréole qu'ils portent toujours sur la tête. Comme moi, ils la méritent amplement, car ils ont travaillé d'arrache-pied pour l'obtenir, allant d'initiation en initiation, pour finalement atteindre la perfection. Comme je considère avoir parfaitement rempli mon rôle de maître et que je ne pouvais m'élever davantage, j'ai décidé d'accueillir la mort avec sérénité. Il est bon de pouvoir se reposer au bout de la route. Aussi je te demande de me laisser entrer afin que je puisse rejoindre mon Dieu adoré, qui doit sûrement m'attendre avec impatience pour l'éternité. Et, entre nous — le vertueux s'approcha alors de saint Pierre pour lui glisser cette confidence à l'oreille —, je suis sûr d'avoir mérité de ne plus retourner sur la terre. »

Entendant ce témoignage plus que pompeux, dont il essayait de ne pas juger la source, saint Pierre fronça les sourcils. Puis, après avoir hésité quelques secondes, il répondit avec douceur et fermeté :

« J'ai bien peur de te décevoir, cher maître, mais je dois t'informer que, contrairement aux deux collègues qui t'ont précédé, tu n'as, hélas! pas atteint les buts inscrits dans ton grand livre de vie. Tu devras donc, après avoir pris un peu de repos, recommencer tout le processus que tu viens de terminer.

— Qu'est-ce que tu dis? s'emporta le maître auréolé, incapable de cacher son indignation. Personne n'a jamais osé me parler ainsi de mon vivant. Sauf le respect que je te dois, cher saint Pierre, tu dois sûrement te tromper. J'ai bien entendu ce que disaient les deux personnages précédents. L'un était ignorant, et l'autre passionné. Comment peuvent-ils accéder au paradis avant moi, qui ai trimé dur toute ma vie pour élever mes disciples vers Dieu? Je ne comprends vraiment pas! »

Saint Pierre resta muet un moment pour permettre aux cendres de retomber. Il regarda le maître qui se tenait devant lui. Celui-ci avait baissé les yeux et s'était mis à pleurer à chaudes larmes, ce qu'il ne s'était jamais permis de faire, même en secret, durant son séjour terrestre. Un sage de sa renommée se devait en effet de toujours faire montre d'une maîtrise parfaite de ses émotions, surtout devant sa horde de disciples, qui ne lui auraient pas pardonné sa faiblesse. Pourtant, il ne pouvait se cacher à lui-même qu'il était un humain comme les autres, peut-être sage, mais aux prises avec les mêmes passions. Il s'était tellement attaché à l'image de haute sapience qu'il projetait tout naturellement qu'il en avait oublié le but originellement fixé par son âme.

« Tu vois, reprit saint Pierre avec une douceur qui eut tôt fait d'assécher les larmes du maître, rien ne t'est reproché. Au contraire, le Grand Patron est entièrement satisfait de ce que tu as accompli. Tu as transmis Son message avec une sagacité et une persévérance exemplaires, et tu dois en être fier. Par contre, ce que tu n'as pas transcendé, c'est l'attachement que tu manifestais à ta sagesse innée. En effet, il est écrit ici — et saint Pierre pointa du doigt un endroit précis dans le grand livre — que ta mission ultime était de te détacher de ta propre vertu après l'avoir acquise et enseignée... Et c'est ce que tu as omis de faire en te laissant entraîner dans l'étourdissant tourbillon de la vie. Dis-toi cependant que tu n'es pas le seul à entendre le discours qui sort ainsi de ma bouche, car c'est le plus important défi qu'aient à affronter tous les grands maîtres de ce monde.

— Mais, que veux-tu dire exactement par le mot *détachement*? s'enquit le maître, après avoir quelque peu repris ses esprits, si on peut s'exprimer ainsi... Aurait-il fallu que je délaisse plus tôt mon travail d'enseignant que j'aimais tant, ainsi que la vertu qui y était rattachée? Pourquoi devenir vertueux s'il faut ensuite cesser de l'être? Je ne comprends vraiment pas!

— Ce qui t'était demandé, reprit saint Pierre en arborant son proverbial sourire, ce n'était pas de te défaire de ta vertu, mais de te détacher de l'image qu'elle projetait, à tes yeux comme à ceux des autres. Tu vois? Tant que tu t'attacheras à l'aura de sainteté qui s'est formée autour de toi avec les années, il te faudra retourner invariablement sur Terre pour t'en défaire. C'est seulement lorsque tu auras réussi que tu seras propulsé à l'extérieur de ce cycle perpétuel que certains appellent la roue des réincarnations.

« L'ignorant de tout à l'heure a fait un gigantesque pas dans cette direction en se détachant de son ignorance. Il faudra qu'un jour il fasse de même avec la passion. Et sa dernière mission, tout comme c'est le cas pour toi, consistera à dépasser la vertu afin de pouvoir à son tour changer de plan de conscience.

« Le passionné, quant à lui, a transcendé la passion avec brio et il se prépare déjà une prochaine vie des plus vertueuses. Tu es donc au seuil d'une toute nouvelle aventure. Il ne te reste qu'un pas à faire avant l'ultime libération. Acceptes-tu de demander ce dernier effort à ton âme? »

Le maître hocha la tête en signe d'approbation et une étincelle se mit à briller de mille feux dans ses yeux. Il avait compris en un seul instant ce que son âme avait essayé pendant presque un siècle à lui faire admettre. Le maître vertueux se leva et, après avoir serré le bon saint Pierre dans ses bras, il reprit la route dans la direction inverse afin d'entreprendre son ultime vie de maître. On dit qu'il y œuvre encore, mais avec une humilité sans borne...

Si vous rencontrez un jour un être heureux et chaleureux, doté d'une sagesse extraordinaire et débordant de modestie et de simplicité, dites-vous que c'est peut-être le grand maître de cette histoire qui achève la plus importante de ses missions... À moins que ce ne soit vous?

La Montgolfière de Martin

La
Montgolfière de Martin

l était une fois un homme dénommé Martin qui avait consacré la majeure partie de sa vie à construire la montgolfière de ses rêves. Il l'avait entièrement fabriquée de ses propres mains en veillant aux moindres détails: l'enveloppe, les sangles, la jupe, les câbles, la nacelle. Il y mettait chaque jour un peu d'énergie, beaucoup de cœur et, il faut bien le dire, bon nombre de frustrations aussi.

Martin était un être plutôt introverti. Il ne s'était jamais permis d'exprimer la moindre émotion n'ayant pas appris de ses parents à le faire, ce qui ne jouait pas en sa faveur. Le rêve de Martin était, en réalité, une façon détournée d'exprimer ce qu'il aurait autrement gardé en dedans de lui, la peine comme la joie.

Durant des années, inlassablement, Martin s'évertua à clouer, souder, tresser et coudre... jusqu'au jour tant attendu où il lança son chef-d'œuvre dans les airs. Mais la surprise et la consternation marquèrent cet événement historique. À peine détachée de ses amarres, la montgolfière multicolore s'éleva, mais seulement de quelques mètres, dix à peine. Puis, comble de malheur, elle s'y stabilisa en refusant obstinément de monter davantage, même pas du plus petit centimètre.

Martin n'en revenait tout simplement pas. Pourquoi cette merveille, car c'en était une, ne pouvait-elle s'élever davantage après toutes les années de travail qu'il avait mises à la façonner? Il devait bien y avoir une raison à cet état de choses! Martin revint donc à ses plans; il les modifia, retoucha la structure extérieure de la nacelle, augmenta la pression des gaz dans le ballon. Rien n'y fit! En désespoir de cause, il consulta les plus illustres spécialistes en la matière; mais personne ne put lui dire comment faire lever sa montgolfière plus haut que ces dix insignifiants mètres. Quelle honte!

Martin était au bord du découragement, et à bout de ressources. Avant de remiser définitivement son ballon, il décida de monter une dernière fois dans la nacelle, qu'il avait appelée sa boîte de rêve, et de franchir les fameux dix mètres qu'elle pouvait atteindre. Un ultime essai, après quoi il abandonnait définitivement son projet et passait à autre chose. Après s'être élevé, il s'accroupit sur le plancher de la nacelle et se laissa bercer au gré de la brise légère qui faisait doucement osciller son ballon. Comme pour donner à cette cérémonie un certain décorum, il ferma les yeux et lança une dernière prière vers le ciel:

« Pourquoi, mon Dieu, m'avoir permis de me rendre jusqu'ici si c'était pour m'empêcher d'aller plus haut par la suite? C'est injuste! N'ai-je pas prouvé que j'avais la volonté nécessaire pour réaliser mon rêve? Je ne vois aucune solution à mon problème, il n'y a rien à faire. Avant de jeter l'éponge et d'interrompre cette dernière tentative d'élévation, je Te demande de m'accorder une dernière chance, de me donner l'ultime clef, si celle-ci existe... »

Après avoir lancé vers les cieux un émouvant cri de détresse, Martin se mit en attente de la réponse divine. Elle seule pourrait raviver ses espoirs. Mais celle-ci ne vint pas, du moins pas tout de suite. Le Créateur attendit sagement que son enfant cesse d'attendre quelque intervention que ce soit de Sa part, puis se manifesta sous les traits d'un guide de lumière. Celui-ci tapota discrètement l'épaule de l'homme déçu qui se préparait à amorcer sa descente.

«Eh! Oh! Que fais-tu là? demanda le représentant de Dieu à Martin, qui avait maintenant perdu tout espoir d'être témoin d'une intervention de ce genre. Ce n'est pas le temps d'abandonner car ton voyage ne fait que commencer.

— Quand on ne peut plus s'élever, rétorqua le malheureux pilote, à quoi bon s'obstiner? Il est évident que le temps est venu pour moi de rentrer à la maison et de retourner vaquer à mes affaires sans me poser de questions, comme le font des milliers de gens tranquilles et sans histoire. Ce sera bien plus facile d'agir ainsi. Laisse-moi donc redescendre que j'en finisse avec tous ces élans de croissance qui m'habitent, pour ne pas dire qui me harcellent depuis ma jeunesse. J'abandonne! Je me retire!

— Merveilleux! s'exclama le guide de lumière en allégeant l'atmosphère d'un éclat de rire irrésistible. Te rends-tu compte que, sans le savoir, tu viens de claquer la porte à ton passé? Tu as assez travaillé, le temps de la récolte est maintenant arrivé, si tu veux qu'il en soit ainsi, évidemment.

— La récolte! Tu veux rire, coupa sèchement Martin. Des heures interminables de labeur s'envoleront en poussière aussitôt que j'aurai touché le sol et quitté définitivement ce ballon maudit? Et j'aurais fait tout cela pour rien ».

L'ange ne répondit pas tout de suite, pour laisser évacuer les dernières frustrations. Après quoi il poursuivit:

« Si tu ne peux t'élever davantage, c'est que ta nacelle est trop lourde, c'est tout! Vide les sacs que tu as accrochés aux parois, et le problème sera réglé.

— Mais je ne vois aucun sac, répliqua Martin. Ma cloison est bien lisse! Regarde par toi-même!

— En apparence, tout semble parfait, expliqua l'ange, mais si tu regardes avec les yeux de ton cœur, voici ce que tu verras... »

Et l'ange de lancer dans les airs une poignée de poussières magiques venue d'on ne sait où. Celles-ci donnèrent naissance à des milliers d'étincelles lumineuses qui, en retombant, matérialisaient tout ce que l'œil humain n'était pas en mesure de voir. C'est à ce moment que Martin aperçut les énormes sacs remplis à ras bord qui étaient effectivement accrochés aux parois de sa nacelle, comme l'avait mentionné le messager.

« Voilà ce qui t'empêchait de t'élever, déclara l'ange. Approche, je vais te montrer. »

Ensemble, ils firent le tour du vaisseau et constatèrent avec étonnement la multitude de fardeaux qui s'y trouvaient et que la poussière magique rendait visible.

« Chaque sac, expliqua le guide, est rempli des frustrations que tu as accumulées depuis que tu as entrepris ce projet. Si tu veux t'élever davantage, dans ta vie comme dans la montgolfière, il y a beaucoup de choses dont tu devras te séparer, plusieurs boulets accrochés à tes pieds dont tu devras te départir. Ne serait-il pas temps que tu jettes par-dessus bord quelques-uns de ces poids inutiles? »

Tout en écoutant religieusement ces sages propos, Martin scrutait chaque sac. Sur l'un d'entre eux était inscrit en lettres de feu le mot *culpabilité*. Il semblait être le plus lourd de tous. S'approchant de plus près, il en inspecta le contenu. Il y avait là tous les jugements qu'il avait portés sur lui-même, ses sempiternels remords de ne pas avoir été à la hauteur de certaines situations, ou d'avoir attiré vers lui tous les malheurs qui l'affligeaient, ou de n'avoir pas su pardonner à certaines personnes ou, encore pire, à lui-même. Et encore ne voyait-il que la surface!

Ne croyant pas utile de fouiller davantage dans cet amas de frustrations passées, Martin détacha résolument le sac de culpabilités et le regarda descendre avec soulagement, puis s'écraser au sol. Le contenu s'éparpilla tout autour, pour se transformer en poussière dorée.

Voyant que tous ses sentiments de culpabilité s'étaient pulvérisés en un instant par ce simple geste Martin ne put s'empêcher de crier victoire. Et, oh surprise! sa montgolfière commençait à s'élever toute seule. « Hourra! » s'exclama-t-il sous le regard amusé de l'ange, qui l'encouragea à continuer: « Ce n'est pas le moment de t'arrêter », déclara-t-il avec fermeté.

Martin passa allègrement au sac voisin, où il put lire *idées noires*. Avant de le balancer par-dessus bord, il en examina sommairement le

contenu pour y déceler tous les jugements défaitistes qu'il avait entretenus au cours de son cheminement. Il remarqua également un nombre
incalculable de pensées nées du fait qu'il se sentait
impuissant et se croyait incapable d'atteindre ses
buts. Et hop! en bas! Ce sac s'écrasa à son tour
sur le sol, avec fracas, en répandant son contenu
obscur. Comme l'autre, celui-ci se transforma en
une myriade d'étincelles dorées, comme si le seul
contact avec la bonne vieille terre était suffisant
pour éliminer tout le négatif que l'homme avait
accumulé.

Et la nacelle continua à s'élever, centimètre par
centimètre, à la grande satisfaction de son constructeur. Devant le succès de sa démarche, celui-ci
redoubla d'ardeur et, en peu de temps, il réussit à
délester un à un tous les sacs.

Ce fut ensuite au tour des *doutes* de quitter le
navire, suivis des *colères refoulées*, un sac particulièrement lourd, puis celui des *attentes non com-
blées*, et aussi des *peurs de ne pas être aimé*,
enfin de tout ce qui avait jusque-là empêché Martin
d'être vraiment libre et heureux.

Lorsque le dernier sac eut touché le sol, la
montgolfière était devenue si légère que la moindre brise la faisait s'élever. Désormais, rien n'en-
travait sa libre circulation dans cet univers azuré
que Martin désirait tant explorer et qu'il n'avait
jamais réussi à approcher. Cette fois, il touchait

presque à la réalisation de son rêve. Il se tourna alors vers le messager divin qui avait permis ce miracle, mais ce dernier avait déjà disparu, non sans avoir laissé derrière lui une mirifique traînée d'étoiles.

Ces magiciens du ciel n'attendent jamais qu'on les remercie; ils ont trop à faire avec tous les autres chercheurs de vérité qui foisonnent sur la terre et qui sont souvent prêts à tout abandonner. C'est à ce moment que ces messagers aiment se manifester. Vous en doutez? Demandez-leur dès maintenant de vous aider à découvrir les sacs qui alourdissent votre propre montgolfière. Peut-être serez-vous alors tenté, vous aussi, de les jeter à jamais par-dessus bord. Si vous saviez le bien que ça fait!

Allez, essayez!... ne serait-ce que pour vous élever de quelques centimètres.

Le Corbeau à trois Têtes

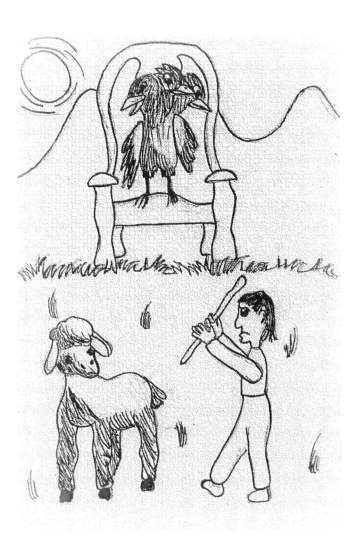

Le Corbeau à trois Têtes

Il était une fois un royaume où l'ombre régnait depuis des décennies. Ce royaume était régi par un être aussi despotique que mystérieux, qui était connu sous le nom du Corbeau à trois Têtes. Très peu de gens l'avaient vu, encore moins l'avaient rencontré, car il ne se montrait pratiquement jamais au grand jour, préférant vivre sous le couvert de l'anonymat. Il faisait exécuter ses ordres par des dignitaires de haut rang qu'il récompensait grassement par la suite. À cause de l'usage abusif qu'il faisait de son intelligence supérieure, cet énigmatique personnage détenait le pouvoir absolu sur ses sujets. Il n'avait pas trois têtes pour rien! Chacune avait d'ailleurs un rôle particulier à jouer, mais toutes agissaient dans un but commun: exercer le pouvoir suprême en avilissant le peuple.

La première tête avait comme tâche de penser à tous les moyens possibles pour semer la peur chez les citoyens. La deuxième prenait ensuite la relève, inventant mille et une façons d'apporter à cette horde de gens apeurés le réconfort et la protection nécessaires pour qu'ils se sentent de nouveau en sécurité. Forte de cette soumission créée artificiellement par ses deux fidèles acolytes, la troisième tête avait beau jeu pour faire passer des lois lui permettant d'avoir une totale emprise sur tout le troupeau.

Ce système fonctionnait à merveille, et depuis si longtemps, que personne ne soupçonnait quelque vilenie que ce soit de la part du corbeau suprême qui se vautrait secrètement dans la richesse et baignait dans les vapeurs extatiques du pouvoir. La population était ainsi maintenue dans la soumission la plus complète, sans même s'en apercevoir.

À intervalles réguliers, la première tête semait des idées de peur, lançant ici et là de persistantes rumeurs concernant une nouvelle maladie ou une éventuelle épidémie. La seconde poursuivait le travail en proposant des moyens pour contrer le plus rapidement possible les effets néfastes des maladies inventées par son prédécesseur. Elle apportait ainsi réconfort et sécurité aux habitants qui, curieusement, avaient déjà commencé à ressentir les terribles symptômes décrits. Finalement, la dernière tête n'avait plus qu'à distribuer les récompenses aux brebis dociles et à punir sévèrement les insoumis réfractaires en leur coupant subtilement les vivres.

Grâce à cette façon de faire ingénieuse, le corbeau à trois têtes gardait la mainmise sur la population. À l'occasion, il répandait la rumeur d'une guerre imminente, tout en promettant une protection maximale à la moindre attaque de l'éventuel ennemi. Toujours, par la voix de ses délégués, il laissait savoir à son peuple qu'il maintenait avec Dieu des liens privilégiés, et que de terribles malheurs affligeraient ceux d'entre eux qui s'aviseraient de ne pas suivre les préceptes moraux qu'il avait établis avec le Créateur en personne. Vous aurez évidemment deviné que la religion qu'il avait élaborée était truffée de peurs et d'interdits afin que la deuxième tête ne manque jamais de travail.

Souffrance, contestation, désordre, inaction, impuissance, soumission et mort étaient devenus les mots d'ordre dans cette société du Corbeau à trois Têtes. Il y avait donc les victimes d'un côté, et de l'autre, le sauveur, cet oiseau noir de malheur que personne n'avait jamais vu mais que tous avaient appris à vénérer en silence.

Le triangle maléfique formé par les trois têtes avait donc beau jeu pour mener le royaume à sa guise. Jusqu'au jour où un petit mouton noir fasse irruption. Il naquit dans une famille sans histoire et se vit investi par Dieu — qui lorgnait dans cette direction depuis fort longtemps — d'une mission plutôt périlleuse, soit de rétablir l'ordre dans cet empire chaotique.

Afin que lui soit insufflée très tôt sa divine tâche, l'insoumis grandit avec un seul mot en tête: justice. D'aussi loin qu'on se souvienne, il refusa obstinément de croupir sans rien dire dans le rang avec ses frères et sœurs. Il commença très jeune à se rebeller contre toute autorité abusive. Son insubordination fut rapidement détectée et on essaya de lui faire comprendre par tous les moyens les avantages qu'il y avait à s'incliner docilement devant le grand corbeau. Mais c'était peine perdue. Le mouton dissident n'était pas le genre de personnage à faire des compromis sur ce plan; il ne plia donc devant aucune menace.

Comme il n'avait nullement l'intention de passer toute son existence à se contenter de survivre au lieu de vivre, il décida de prendre sa vie en main. Il lui fallait créer son propre destin au lieu d'abandonner son sort entre les mains du monstre à trois têtes dont il avait vite compris le jeu machiavélique.

Le corbeau avait évidemment réagi avec véhémence en constatant que même ses menaces les plus directes ne provoquaient aucune peur chez cet insubordonné qui mettait de plus en plus le système en péril. Il cessa donc d'accorder sa protection à ce mouton récalcitrant. Il envoya même ses dociles serviteurs lui assener à maintes reprises quelques coups de bâtons. Mais rien ni personne ne réussit à décourager le mouton noir au cœur vaillant, dont les yeux devenaient d'ailleurs de plus en plus brillants.

Un beau matin, l'insoumis se mit à parcourir le territoire pour inviter les gens à la révolte pacifique. Il prit le temps de leur expliquer que chacun d'eux était animé d'une parcelle divine extrêmement puissante, et que c'était là leur meilleur protecteur. Il leur fit également voir le jeu despotique du grand corbeau qui semait la pagaille dans le royaume. Son unique but était de leur imposer par la suite, et de façon très subtile, une pseudo-protection, empêchant ainsi leur propre Dieu intérieur d'effectuer librement son travail. Le nouvel ambassadeur de la paix, comme on le surnommait parfois, parlait donc d'autonomie, de force intérieure, d'amour et de liberté, au grand dam du corbeau suprême. Pour la première fois de sa vie, celui-ci voyait son autorité contestée, ce qui le prenait au dépourvu.

Plusieurs citoyens eurent même le courage de suivre le mouton noir, les jeunes surtout. Chez les plus vieux, c'était une toute autre histoire. En effet, les peurs qu'ils avaient accumulées durant leurs nombreuses années de soumission étaient tellement bien ancrées qu'ils ne pouvaient même pas songer qu'ils pourraient se passer une seule seconde de la protection du corbeau.

Le petit rebelle poursuivit donc courageusement sa croisade pour la liberté malgré les coups que les envoyés spéciaux tentaient de lui assener de toutes parts. Partout où il passait, il mettait l'accent sur la solidarité entre les êtres et sur la responsabilité qu'avait chacun en regard de ses propres actes. Cependant, il n'oubliait jamais de mentionner le proverbial bonheur qui leur était dévolu par héritage divin.

Plus cette notion de prise en charge et d'autonomie nourrissait l'esprit de la population, plus la tête de la peur faiblissait, alors que celle de l'emprise commençait également à faiblir et à pendre de façon alarmante.

Le coup fatal fut porté par la jeune brebis de la paix lorsqu'elle dévoila une des tactiques les plus prisées par le monstre dans son plan d'avilissement des êtres, soit de susciter et d'alimenter consciemment les hostilités entre le bien et le mal. Comme c'était le grand corbeau suprême qui décidait pour son peuple de ce qui était bon ou mauvais pour lui, il s'agissait de conserver la mainmise sur les deux camps en leur fournissant les armes pour s'entre-tuer.

Pendant que les partisans des différentes idéologies s'affairaient à combattre les parties adverses, la tête protectrice distribuait cadeaux et conseils, attisant ainsi la rivalité sur tous les fronts. Le tyran avait compris depuis longtemps que, lorsque les êtres se battent entre eux, surtout au nom de leurs convictions, ils deviennent de mignons petits monstres qui obéissent au doigt et à l'œil à la main qui les nourrit. Et quand cette main alimente les deux camps, l'emprise devient totale!

Telle était la philosophie qu'avait préconisé jusqu'ici le grand corbeau. Celui-ci, bien caché dans son repaire, agonisait maintenant du seul fait d'avoir été démasqué. Graduellement, il perdit tout pouvoir et, avec ce qu'il avait encore de forces, il s'enleva le peu de vie qui lui restait.

Quant à la brebis pacifique, elle demeura à la tête du royaume jusqu'au jour où le peuple devint assez autonome pour ne plus avoir besoin d'être dirigé, ce qui était le but ultime à atteindre. Le mouton noir s'en alla alors vers d'autres croisades. Mais, avant de partir, il rassembla ceux qui avaient écouté ses enseignements et leur dit que la seule façon d'être protégé des maux qu'ils redoutaient était de cesser d'en avoir peur. Après quoi il les chargea de continuer sa mission en faisant connaître le principe qu'il leur avait inculqué, afin que la peur ne revienne plus jamais les hanter...

Daya, l'Oiseau blessé

Daya, l'Oiseau blessé

aya, un oiseau rieur, était heureux et respecté de tout son entourage. Le charisme qu'il affichait et la fine maturité de son âme lui ouvraient un avenir prometteur à tous les points de vue. On l'avait même pressenti pour être le prochain chef suprême de la forêt, un titre hautement convoité dans sa communauté. Mais tel n'était pas son destin.

Un jour où il revenait d'un long voyage et qu'il était très fatigué, il fit une fausse manœuvre en regagnant son nid. Il rata la cible et tomba alors en catastrophe, sa petite tête heurtant le sol avec fracas. La nuit s'installa dès lors dans le ciel de Daya. Petit à petit, cet oiseau jadis débordant de vie perdit presque toutes ses facultés, sauf celle qui lui permettait de capter l'énergie des êtres et des choses. À partir de ce moment, sa vie allait se dérouler seulement à l'intérieur. Il s'en rendit compte dès l'instant où la lumière s'éteignit en lui. Une petite fée toute brillante que, curieusement, il pouvait très bien voir, s'était alors mise à sautiller autour de lui en le consolant et en le rassurant sur son avenir.

« Ne t'en fais pas, lui avait-elle dit sur un ton rieur en illuminant toute chose autour d'elle. Ta vie n'est pas finie, loin de là. Une nouvelle expérience t'attend, intérieure peut-être, mais tout de même intense. Toi qui n'as jamais laissé la moindre émotion te perturber, tu auras tout le loisir de découvrir un monde de merveilles insoupçonnées qui sommeillait en toi et dont tu ne soupçonnais même pas l'existence. Ton corps est en piteux état, j'en conviens, mais ton âme, elle, restera toujours des plus actives. Mais tu dois t'attendre à ce que très peu de tes frères comprennent cela. Je te souhaite donc bonne chance en t'assurant que tu pourras compter sur moi dans tes moments de détresse. Je resterai toujours à tes côtés. Tu n'as qu'à m'appeler, et je viendrai... »

La voix se tut, et les ténèbres envahirent à nouveau le firmament de Daya. Loin de se sentir sur le point de mourir, l'oiseau blessé avait plutôt l'impression d'une nouvelle vie qui se mettait en branle. Comme il n'avait d'autre choix que de se laisser porter par la vague sur laquelle le destin l'avait déposé, il lâcha prise et remit les rênes de sa vie à son âme.

Apparemment inconscient, Daya reposait sur le dos dans un nid douillet que ses amis avaient préparé à son intention. Il entendait clairement ses frères et sœurs qui conversaient autour de lui, parlant surtout de son état végétatif lamentable. L'oiseau voulait leur crier de cesser leurs jérémiades, en leur signalant qu'il avait toute sa connaissance et, qu'en plus, il ressentait le moindre de leurs états d'âme. Mais c'était peine perdue. Aucun son ne réussissait à s'échapper de son petit bec meurtri, et il ne pouvait non plus atteindre leur conscience.

Dans un effort désespéré, il tenta de faire vibrer le bout de ses ailes, de soulever ses pattes pour attirer l'attention. Mais rien n'y faisait. Daya dut se rendre à l'évidence. Il était désormais prisonnier de son propre corps. Mais il avait dorénavant le privilège exceptionnel de pouvoir capter les pensées et émotions environnantes.

Au début, ses copains venaient régulièrement le voir entre deux vols; mais comme ils devaient affronter chaque fois le mur de son supposé état comateux, ils espacèrent de plus en plus leurs visites. *À quoi bon se rendre auprès de quelqu'un qui ne nous reconnaît même pas!* se disaient-ils, ignorant que Daya pouvait déceler les plus subtils chuchotements de leur âme. L'oiseau blessé ne pouvait alors s'empêcher de verser une larme sur son immuable incapacité à exprimer le bonheur qu'il éprouvait au seul contact de ses amis. Car aussitôt qu'une présence amicale entrait dans le champ de conscience de son âme, toutes ses tensions se relâchaient. C'était comme si la moindre marque d'intérêt pouvait abattre le mur de solitude derrière lequel son insondable destin l'avait confiné.

Les larmes constituaient donc le seul moyen dont il disposait pour exprimer sa gratitude à ses visiteurs, qui devinrent de plus en plus rares avec le temps. Daya ne leur tenait aucunement rigueur de l'abandonner ainsi, car il était bien conscient qu'il aurait réagi de la même façon s'il avait été à leur place. Lorsqu'on ne l'a pas vraiment expérimenté au fond de soi, comment peut-on savoir que l'âme ressent des émotions aussi longtemps que le corps qu'elle habite est animé du moindre souffle de vie?

Jour après jour, le soleil, en se levant, venait chasser les ombres de Daya. Quelle merveilleuse expérience intérieure il avait tout de même la chance de vivre au contact des animaux de la forêt, qui le croyaient complètement déconnecté de la réalité! Si seulement ils avaient pu se rendre compte du nouvel univers que Daya découvrait ainsi.

Après plusieurs semaines passées à développer cette vision élargie des choses, Daya s'habitua à sa nouvelle existence. Il appréciait surtout de pouvoir ressentir très intensément les états d'âme de ceux qui passaient par là. Ce qui le surprenait particulièrement, c'était de constater la force de la compassion qui animait ses véritables amis, ceux qui continuaient de le soutenir contre vents et marées, et qui étaient prêts à l'accompagner jusqu'au bout; même qu'il commençait à communiquer de plus en plus ouvertement avec eux.

En contrepartie, l'oiseau fut confronté à l'envers de la médaille, c'est-à-dire à l'indifférence ou à la haine de certains, une minorité il faut le dire. Ces êtres étaient chargés de prendre soin de lui alors qu'ils n'en avaient nullement le désir. Comme il pouvait lire dans leurs pensées, Daya fut obligé de développer le non-jugement, car cette haine n'était pas dirigée contre lui, mais contre eux-mêmes. Il ne servait que de bouc émissaire à ces malheureux qui ne s'aimaient pas.

Puis se mit à défiler sur l'écran de sa conscience la ronde des interminables prières de ces amis si pieux qui demandaient à Dieu de venir le chercher le plus rapidement possible pour qu'il cesse de souffrir! « Mais je ne souffre pas, aurait-il voulu leur crier, et je ne veux pas mourir. » Tout comme eux, il continuait à vivre, mais d'une vie différente.

Ceux qui réclamaient sa mort le faisaient certes par amour, mais aussi par ignorance. C'est ce que venait lui expliquer la petite fée enjouée lorsqu'il sentait monter en lui le ressentiment envers ceux qui se permettaient de juger son état.

Ah! il serait bien mieux mort, au lieu de dépendre de tous et chacun, se disaient certains des oiseaux environnants. *Comme il doit pâtir, le pauvre!* Chimère! Si ces moulins à prière pouvaient goûter, ne serait-ce qu'un instant, tout cet amour que Daya ressentait lorsqu'on prenait simplement soin de lui, ils verraient que, malgré les apparences, la souffrance n'était sûrement pas au rendez-vous. Grâce à son corps paralysé, Daya, qui n'avait jamais été dépendant des autres, découvrait le plaisir d'avoir besoin d'autrui. C'était la plus belle leçon qu'il pouvait tirer de sa fabuleuse aventure, laquelle, malheureusement, tirait à sa fin.

Par un beau matin de printemps, le petit cœur de Daya cessa définitivement ses frêles battements, et l'oiseau put enfin prendre à nouveau son envol. Ce n'était surtout pas les prières qui l'avaient libéré, mais le simple constat de son âme que la leçon donnée par la maladie avait porté fruit. À cause de sa blessure, l'oiseau n'avait pu faire autrement que de s'ouvrir au monde de l'esprit. Il était clair qu'il n'aurait jamais pu faire tout ce cheminement intérieur si ce n'avait été de ce malencontreux accident. Il avait eu la sagesse de s'en faire un allié au lieu de le laisser le détruire.

La plupart des animaux de la forêt le pleurèrent amèrement. Par contre, aucun de ses vrais amis ne versa une seule larme, sauf sur eux-mêmes; Ils reconnaissaient qu'ils avaient fait un cheminement extraordinaire au contact de celui-là même qu'ils accompagnaient. Bizarrement, certains réussirent à éprouver de la joie lorsqu'ils entendirent dans leur cœur leur ami rire à s'en pourfendre l'âme. Daya avait retrouvé toute son agilité en s'envolant vers le paradis des oiseaux. Il allait maintenant entreprendre une toute autre aventure. Et cette fois, il serait sûrement plus sensible aux émotions des autres comme aux siennes, et plus ouvert au monde de l'esprit, celui grâce auquel il avait découvert la vraie vie. Ah! cette vie! Comme il avait appris à l'aimer alors que la plupart des oiseaux du voisinage croyaient qu'il en était complètement dépourvu.

Si un jour vous croisez sur votre route un être comme Daya, ne vous laissez pas leurrer par son apparente inconscience. Il ne demande que votre soutien inconditionnel. N'hésitez surtout pas à croire en la sensibilité de son âme. Contentez-vous de l'aimer, sans jugement...

L'Arbre Tordu

L'Arbre Tordu

n oiseau survolait une forêt de conifères quand il laissa tomber une petite graine que le vent avait déposée furtivement sous son aile. À peine la semence eut-elle touché le sol qu'elle prit racine. Tès rapidement une petite pousse vit le jour et se fraya courageusement un chemin à travers les géants tout verts qui l'entouraient.

La richesse du terreau qui l'avait accueillie permit à la tige de devenir en très peu de temps un arbrisseau rempli de vigueur. Mais en même temps qu'il croissait, il empruntait une forme des plus étranges. C'est à ce moment qu'il prit conscience qu'il n'allait pas être un arbre comme les autres. Les sapins verdoyants qui l'entouraient et dont il admirait la frondaison aux teintes d'émeraude, l'avaient cependant accepté dans sa différence. À son grand désarroi, le jeune arbre voyait son tronc et ses branches pousser dans le désordre le plus total. En prenant des allures d'adulte, l'arbrisseau se retrouva affublé d'énormes branches racornies qui se frayaient maladroitement un chemin à travers les aiguilles de ses frères conifères.

Il aurait tellement voulu leur ressembler! Il avait sûrement fait quelque chose de mal pour que Dieu l'afflige de ces formes repoussantes. *Mais pourquoi suis-je si différent?* se demandait-il sans cesse. Cette question le hantait depuis qu'il avait constaté sa terrible dissemblance. C'est également à ce moment qu'il commença à se haïr. Sa haine prit une telle ampleur que son écorce en devint toute terne et que sa cime courba l'échine, comme si elle n'avait pas voulu qu'on la reconnaisse.

Plus les jours passaient, plus l'arbre tordu se détestait. Tant et si bien que les oiseaux ne daignaient même plus s'y poser, repoussés par la négativité qui s'en dégageait. *Aussi bien mourir*, se disait l'arbrisseau, *que de se sentir un parfait étranger dans la forêt qui vous a vu naître.*

Le pauvre diable cultiva donc ses pensées défaitistes et s'enlisa profondément dans son rôle de victime. Jusqu'au jour où une mère et son fils le découvrirent par hasard...

« Eh! maman! cria l'enfant en sautillant de joie. Tu as vu le joli pommier en plein milieu de cette forêt de sapins? Comme il est beau, n'est-ce pas?

— Oui! Oui! répondit distraitement la mère, apparemment absorbée dans ses pensées. Mais nous ne pouvons pas nous attarder. Continuons notre route. »

En dépit de sa lassitude et de son impérieux désir de mourir, l'arbre tordu avait entendu le commentaire du bambin. Il était complètement abasourdi d'apprendre qu'il n'était pas un sapin déformé, mais plutôt un… pommier! Il sortit alors de la léthargie morbide dans laquelle il s'était laissé sombrer depuis quelque temps. À la grande surprise de ses frères, qui ne l'avaient pas vu manifester un quelconque sentiment de joie depuis très longtemps, il s'exclama:

« Est-ce possible que je sois un magnifique pommier? Si cela est vrai — il en doutait de moins en moins, car il savait d'instinct que les enfants enjoués ne mentent pas — cela expliquerait mes disparités! » Ragaillardi par cette heureuse découverte, l'arbre se mit à apprécier de plus en plus la forme insolite de ses branches et à admirer son tronc légèrement arqué. Il releva lentement la tête, et son écorce assombrie par la peine reçut alors un grand coup de sève qui la fit resplendir de mille feux.

Attirés par ces élans d'amour de soi, les oiseaux recommencèrent à fréquenter l'arbre. De curieuses petites fleurs se mirent bientôt à émerger sur ses branches. Plus l'arbre s'aimait, plus les bourgeons qu'on avait cru asséchés prenaient vie, et plus ils s'ouvraient en grand nombre. Tant et si bien que le pommier fut rapidement enveloppé d'un nuage féerique de fleurs blanches. Celles-ci exhalaient un parfum frais qui faisait le bonheur de leur entourage. Cette particularité avait pour conséquence que l'arbre tordu se distinguait encore davantage de ses congénères, les sapins.

Au bout de quelques lunes, chaque fleur avait donné naissance à un fruit magnifique, symbole de l'amour que l'arbre s'était donné à la suite de sa prise de conscience de son unicité.

Un matin d'automne, le garçon qui lui avait révélé sa vraie nature revint le voir. Le pommier le reconnut et lui offrit le premier de ses fruits en guise de remerciement pour lui avoir redonné la vie. L'enfant sourit et, avec ses petits yeux en amande bien fermés pour tirer toute la saveur du fruit, il croqua dans la pomme à belles dents.

Comme le Créateur n'oublie jamais Ses bienfaiteurs, il transmit à l'enfant, à travers l'énergie de ce fruit, le même présent qu'il avait jadis offert à l'arbre: l'amour de soi et le respect des différences. Le garçon bénéficia de ce don toute sa vie et même après avoir atteint l'âge adulte, il continuait à en parler...

La Porte du Bonheur

La Porte
du Bonheur

eux hommes de grande vertu parcouraient le monde depuis très longtemps dans l'espoir d'y trouver la véritable et universelle clef du bonheur. Ces amis d'enfance, du nom de Hans et Frantz, étaient dotés d'une qualité commune: l'émerveillement. En effet, malgré l'étendue de leurs connaissances, ils avaient su garder un cœur d'enfant. Ils utilisaient d'ailleurs cette faculté chaque fois qu'ils avaient une décision importante à prendre.

Les deux complices avaient eu vent d'une légende selon laquelle Dieu aurait Lui-même construit une porte gigantesque au cœur du désert. On disait également que quiconque réussirait à l'ouvrir accéderait instantanément à la sagesse suprême. La rumeur courait aussi que personne jusqu'à ce jour n'avait été assez perspicace pour percer le mystère de cette porte dite du bonheur, laissant ainsi l'œuvre de Dieu inviolée depuis sa création. Cette histoire invraisemblable avait piqué la curiosité de Hans et Frantz. Ils prirent donc sans hésiter la route du désert, voyant là une excellente occasion de parvenir plus rapidement à leurs fins.

Après un voyage difficile et parsemé d'embûches, les deux amis se retrouvèrent au seuil de la porte magique. Cette porte était absolument majestueuse et digne des plus grands palais tout en se distinguant par sa simplicité et son absence d'apparats pompeux. Le sentier qui y menait était parcouru par une horde de chercheurs de vérité de tout acabit, poussés par l'espoir d'en découvrir l'énigme et d'accéder à l'ultime sagesse et au bonheur divin. Que de rêves brisés!

Tous ces aspirants au nirvana finissaient par déclarer forfait et par rebrousser chemin. La mine déconfite, ils ne manquaient pas de décourager les nouveaux arrivants en leur disant que l'énigme était indéchiffrable. Car la mystérieuse porte n'avait même pas de poignée, encore moins de serrure ni même de pentures. Le seul ornement qu'on pouvait y voir était une inscription en lettres d'or formant le mot « Entrez », écrit dans toutes les langues de la terre. Mais comment faire pour entrer? Le mystère demeurait entier! Des centaines de scientifiques et de spiritualistes appartenant à toutes les couches de la société et à toutes les religions étaient venus du bout du monde pour étudier la question plus à fond. Les premiers mettaient leur ingéniosité à l'épreuve en cherchant le mécanisme secret qui devait bien avoir été placé quelque part par le Créateur. Peut-être s'agissait-il d'un bouton savamment dissimulé sur le seuil ou dans la porte elle-même sur lequel il suffirait d'appuyer pour que le miracle s'opère.

La deuxième catégorie de chercheurs, spirituels cette fois, orientaient leurs investigations vers des procédés relevant davantage de la magie blanche. La plupart étaient convaincus qu'en récitant dévotement des prières, ou en scandant inexorablement d'interminables mantras tous plus hermétiques les uns que les autres, ils finiraient par atteindre la vibration sacrée qui provoquerait l'ouverture du portail divin. Mais rien de tout cela ne fonctionnait, et le site tant couru de la Porte du Bonheur devenait de moins en moins populaire en ces temps où la facilité régnait en roi et maître.

Hans et Frantz ne se laissèrent pas emporter par le vent de découragement que tentaient de faire souffler sur eux les derniers chercheurs désabusés. Si bien qu'ils finirent par se retrouver seuls devant la porte magique, désormais désertée par tous. Nos deux compères se souvinrent soudain que durant chacune des périodes initiatiques de leur vie, ils avaient toujours laissé leur enfant intérieur guider leurs gestes sans penser à ce qu'il serait « sensé » faire. Aussi eurent-ils simultanément l'intuition d'accepter l'invitation inscrite en lettres dorées et de pousser simplement la porte. Celle-ci s'ouvrit miraculeusement, sans tambours ni trompettes.

Personne jusqu'alors n'avait eu l'idée toute simple d'entrer, comme cela était pourtant clairement indiqué. La clef était à même la porte, en lettres de feu, exposée aux yeux de tous. Mais personne ne l'avait vue! Tous les chercheurs de vérité précédents avaient abandonné la partie, peut-être parce qu'ils mettaient trop de temps à *chercher* le bonheur, au lieu de s'affairer à *être* simplement heureux dans chacune de leurs actions quotidiennes, à la manière des enfants, qui ne cherchent jamais une joie supérieure à celle qu'ils vivent intensément. L'expérience de la félicité est instinctive chez eux, jusqu'à ce que leur mental s'éveille et brouille les pistes.

Lorsqu'on court continuellement après le bonheur, comment peut-on en jouir? Pourquoi ne pas le laisser plutôt nous poursuivre? Et pourquoi ne pas admettre que la chance et les occasions qui nous sont offertes sont des cadeaux divins? Mais, par-dessus tout, il ne faut jamais, alors là *jamais refuser l'abondance*. C'est ce qu'avaient compris depuis longtemps nos deux compères, et ce qui les avait conduits dans le vestibule de la béatitude.

Frantz fut le premier à franchir le seuil de la porte. Il se retrouva aussitôt dans un monde féerique et paradisiaque auquel il ne put résister. Tout ce qu'il avait espéré de la vie se trouvait là, à portée de main. Enfin, il touchait à la perfection; il voyait le résultat des efforts innombrables qu'il avait fournis durant toute une existence de recherche effrénée.

Mais avant de poursuivre, Frantz jeta un dernier coup d'œil derrière lui. À sa grande surprise, la porte était en train de se refermer devant son copain Hans, qui attendait sur le seuil, indécis.

« Viens, cria Frantz d'un ton péremptoire. Hâte-toi de venir me rejoindre! Nous avons bel et bien découvert le ciel. » Malgré l'aura de bonheur qui entourait son ami déjà en route vers l'invitante lumière, Hans hésitait toujours. Il laissa pourtant la Porte du Bonheur se refermer devant lui. Ce qu'il avait vu au-delà de ce portail semblait si merveilleux qu'il lui paraissait injuste que son ami et lui soient les seuls à en bénéficier.

Peut-être que la mission de Frantz s'arrêtait là, mais il était bien évident que celle de Hans débutait à l'instant. C'est ce que son enfant intérieur venait de crier, au moment même où, devant l'insistance de son copain, il s'apprêtait lui aussi à franchir le seuil de la Porte du Bonheur.

Hans avait le visage inondé de larmes, à cause de la peine qu'il ressentait à la suite de sa séparation d'avec son copain de toujours. Mais il s'attaqua courageusement à sa nouvelle tâche, qui consistait à enseigner aux chercheurs de vérité qui voudraient bien l'écouter, que la simplicité mène aux plus grandes découvertes. Il allait leur montrer la véritable voie du bonheur, celle que leur enfant intérieur, endormi chez plusieurs d'entre eux, pouvait leur indiquer.

Installé au bord de la route, le jeune maître s'attacha dès lors à raconter son expérience aux rares pèlerins qu'il croisait, en les incitant à faire comme lui. La plupart ne l'écoutaient pas, car son langage était trop puéril. Par contre, quelques-uns, une minorité malheureusement, le crurent. Ils se rendirent ainsi jusqu'à la porte magnifique et la poussèrent simplement pour aller rejoindre Frantz, qui les attendait sûrement de l'autre côté.

On dit que cette Porte du Bonheur existe toujours, quoique très peu de gens y croient en ces temps où les contes n'émerveillent que les enfants. On raconte aussi qu'un sage très âgé, qui aurait reçu de Dieu le don de l'immortalité, parcourt constamment la voie qui y mène, en semant ses graines de simplicité dans le cœur des petits de tout âge. Ce vieux sage a « pour son dire », et il a peut-être raison, qui sait? qu'il est plus important de vivre le bonheur que de s'évertuer à le chercher...

Bonne route!

Pour commentaire ou demande de renseignements concernant les conférences, séminaires et voyages-ateliers offerts par André Harvey, veuillez écrire à:

Productions André Harvey
C.P. 384, Saint-Damien, Québec, Canada G0R 2Y0

Adresse électronique: harvey@quebectel.com

DU MÊME AUTEUR:

SUR LA VOIE DE LA SAGESSE

22 thèmes abordés dans un langage simple pour permettre aux gens de JETER UN REGARD NEUF au-delà de leurs croyances: la spiritualité, le respect du couple, le karma, la vie après la mort et la renaissance, l'intuition, l'amitié et l'amour, la sexualité, les dons d'organes, l'âme sœur, le destin, etc. Un livre idéal pour les personnes en début de cheminement spirituel ou pour les autres qui recherchent des mots simples pour exprimer leurs croyances. 160 pages

UN VIEUX SAGE M'A DIT...

Qui n'a jamais rêvé de rencontrer un jour un vieux sage... et de profiter pleinement de son savoir! SANS JUGEMENT AUCUN, André Harvey aborde des sujets aussi actuels que l'avortement, l'homosexualité, la médiumnité, la pensée positive, les égrégores de pensées, la méditation, l'énergie christique, les prédictions, le rôle de la femme, etc. Il explique également comment il a pu rencontrer ce vieux sage...158 pages

L'ULTIME PARDON

Dans la plupart des récits, l'histoire se termine quand le héros meurt. Mais dans cet ouvrage, c'est lors du décès tragique de celui-ci que l'intrigue prend naissance. Un récit à saveur spirituelle où l'évidence que le hasard n'existe pas s'impose! Un outil IMPORTANT pour tous ceux et celles qui ont pour objectif de pouvoir un jour PARDONNER VRAIMENT, et FACILEMENT... 176 pages

LES PROS DE LA VIE À DEUX

« On va essayer de vivre ensemble et si ça ne marche plus, on se laissera, c'est tout! » Construites sur des sables aussi mouvants, il n'est pas étonnant que bien des relations se terminent plutôt mal. Pour ceux et celles qui veulent encore croire au bonheur, l'auteur livre sans réserve de nombreuses réflexions et anecdotes tirées de sa propre expérience de plus de vingt ans de vie commune. 224 pages

L'INSOUMIS

Dans ce récit qui fait suite à l'Ultime Pardon et dans lequel s'entremêlent mille et une péripéties, Yancy apprendra beaucoup sur la vie en général grâce aux sages propos de Philippe, son frère jumeau. Les étonnantes surprises que lui réserve sa destinée l'inciteront à reprendre une fois pour toutes sa vie en main. Avortement, agression sexuelle, voyage en Indes, rencontre avec un guru, etc., tout sera mis en œuvre pour lui permettre de passer un jour de la soumission à la libération... 176 pages

PARCELLES DE SAGESSE

Tomes 1 et 2: Recueils de réflexions quotidiennes nous livrant une vision positive et réaliste de la vie de tous les jours. 384 pages

LE JEU DES QUALITÉS

52 cartes d'affirmation
pour s'amuser à se comprendre
et à s'améliorer...

CASSETTES DE DÉTENTE

Cassettes
de détente guidée
Le pardon total et facile
Rencontre avec votre vieux sage
Les sept anges de la clairvoyance